李志强 主编

Legal Research on Investment and Financing of Chinese Enterprises in Sweden, Chile and Brazil

中国企业海外投融资法律研究系列丛书

中国企业赴瑞典、智利、巴西投融资法律研究

中国金融出版社

责任编辑：贾　真
责任校对：张志文
责任印制：丁淮宾

图书在版编目（CIP）数据

中国企业赴瑞典、智利、巴西投融资法律研究 / 李志强主编 . —北京：中国金融出版社，2019.12
ISBN 978-7-5220-0428-0

Ⅰ . ①中…　Ⅱ . ①李…　Ⅲ . ①外国投资法 — 研究 — 瑞典②外国投资法 — 研究 — 智利③外国投资法 — 研究 — 巴西　Ⅳ . ①D953.222.9②D978.422.9③D977.722.9

中国版本图书馆 CIP 数据核字（2019）第 300264 号

中国企业赴瑞典、智利、巴西投融资法律研究
Zhongguo Qiye Fu Ruidian、Zhili、Baxi Tourongzi Falü Yanjiu
出版发行　中国金融出版社
社址　北京市丰台区益泽路 2 号
市场开发部　（010）63266347，63805472，63439533（传真）
网 上 书 店　http：//www. chinafph. com
（010）63286832，63365686（传真）
读者服务部　（010）66070833，62568380
邮编　100071
经销　新华书店
印刷　北京市松源印刷有限公司
尺寸　169 毫米 ×239 毫米
插页　8
印张　14.25
字数　240 千
版次　2020 年 1 月第 1 版
印次　2020 年 1 月第 1 次印刷
定价　46.00 元
ISBN 978-7-5220-0428-0

中國企業海外投融資法律
研究系列叢書

鄒瑜

第 30 届亚洲律师协会会长会议于 2019 年 8 月 1 日在昆明召开，司法部副部长熊选国（主席台右三）出席开幕式并致辞

中国司法部副部长熊选国与李志强律师合影

2019 年 11 月 8 日，中共上海市委副书记兼政法委书记尹弘同志视察第二届中国国际进口博览会法律服务保障工作，同上海市司法局和上海市律师协会领导等亲切交谈

世界贸易组织总干事阿泽维多（巴西籍）2019 年 10 月 11 日在日内瓦总部和环太平洋律师协会候任主席李志强律师合影

司法部副部长刘振宇（第二排中）与参加第二届中国国际进口博览会法律服务保障工作的律师和公证员及调解员合影

由上海上市公司协会、上海股权投资协会、上海政法学院和金茂凯德律师事务所等举办的中国企业海外投融资第十一次系列法律研讨会于 2019 年 5 月 9 日在沪举行

民建中央副主席、上海市政协副主席周汉民在中国企业赴瑞典投融资暨科创板研讨会上发表主旨演讲

上海市政协副主席周汉民（中）、中国国际经济贸易仲裁委员会党委书记及副秘书长李虎（右一）、上海证券交易所原党委副书记及监事长张宁（左二）、外高桥集团股份有限公司董事长刘宏（左一）等专家学者出席中国企业赴瑞典投融资暨科创板研讨会

瑞典斯德哥尔摩仲裁院理事、中国国际经济贸易仲裁委员会党委书记及副秘书长李虎在瑞典作国际仲裁的法律实务专题报告

中国证券监督管理委员会上海监管局原党委书记、局长，上海证券交易所原党委副书记及监事长张宁在中国企业赴瑞典投融资暨科创板研讨会上作专题报告

环太平洋律师协会候任主席、金茂凯德律师事务所创始合伙人李志强一级律师就中国企业赴瑞典投融资法律风险防范作专题报告

出席中国企业赴瑞典投融资暨科创板研讨会的专家合影（自左到右为李志强、杨冬雨、徐静琳、朱立新、张宁、李虎、周汉民、王海银、施伟东、刘宏、潘牧天、钱宇辰、钟可慰）

出席中国企业海外投融资第十一次系列法律研讨会的金融家、法学家和法学法律工作者合影

“一带一路”法律研究与服务中心在斯德哥尔摩设立瑞典站

“一带一路”法律研究与服务中心研究人员李志强、欧龙访问瑞典斯德哥尔摩仲裁院（左二为瑞典斯德哥尔摩仲裁院原主席、中国国际经济贸易仲裁委员会终身成就奖获得者叶南德先生，左一为仲裁院法律顾问 Natalia Petrik 女士）

“一带一路”法律研究与服务中心在圣地亚哥设立智利站

李志强律师在环太平洋律师协会智利区域研讨会上发表演讲

参加中国企业赴巴西投融资法律研讨会的部分中外嘉宾合影（自左到右为陈亚都、李志强、刘辉、钱衡、范永进、拉斐尔·加格里亚帝、路卡斯·塔瓦雷斯·布宜诺、潘鹰芳、王唯骏、梁爽）

巴西著名律师和专家拉斐尔·加格里亚帝、路卡斯·塔瓦雷斯·布宜诺和张军在中国企业赴巴西投融资法律研讨会上发表演讲

中国企业海外投融资法律研究系列丛书在中企赴巴西投融资法律研讨会上举行首发式

巴西律师、国际律师协会主席 Horacio Bernardes Neto（左二）、亚太法律协会主席 Christopher Leong（右二）、环太平洋律师协会前主席白培坤（左一）和李志强律师合影

2019 年 11 月 13 日，环太平洋律师协会仲裁日研讨会上部分国际仲裁员和环太平洋律师协会主要官员合影

环太平洋律师协会候任主席、金茂凯德律师事务所创始合伙人李志强受邀在中国举办的首届世界律师大会全体会议上作主旨演讲

首家中拉金融法律研究中心于 2019 年 12 月 12 日启幕，上海市黄浦区人民政府区长巢克俭博士（右六）见证中心成立

编委会

刘　樱　肖　冰　杨　辉　陆　基　陆却非　张　兴　张　莉

张志红　陈福勇　陈之超　欧　龙　金文忠　郑育健　赵思渊

赵国荣　钟可慰　姜诚君　徐以刚　黄金纶　黄柏兴　黄爱武

梁嘉玮　董　颖　储琴华　潘鹰芳

撰 稿 人　周汉民　李　虎　李志强　游　广　俊　杰　白奕晓　罗　炎

佳理律师事务所　张　军　DEMAREST 律师事务所

翻　　译　李　建　欧　龙　陈　说　杨子安　孙晨怡　李屹民

Editorial Committee

Feng Dekui Sun Yonggang Sun Hangyu Sun Minjie Sun Jiarong
Li Rui Li Haige Li Cixiong Liu Hong Liu Ying Xiao Bing
Yang Hui Lu Ji Lu Quefei Zhang Xing Zhang Li Zhang Zhihong
Chen Fuyong Chen Zhichao Ou Long Jin Wenzhong Zheng Yujian
Zhao Siyuan Zhao Guorong Zhong Kewei Jiang Chengjun
Xu Yigang Huang Jinlun Huang Baixing Huang Aiwu Liang Jiawei
Dong Ying Chu Qinhua Pan Yingfang

Author Zhou Hanmin Li Hu Jack Li You Guang Alberto Cardemil
Patricio Laporta Ignacio Tornero Carey Law Firm Zhang Jun
DEMAREST Law Firm

Translator Li Jian Ou Long Chen Shuo Yang Zi'an Sun Chenyi
Li Yimin (Adam Li)

总 序

习近平总书记提出“丝绸之路经济带”和“21世纪海上丝绸之路”，即“一带一路”倡议，是在新的全球治理背景下提出的新思维，是推动全球合作发展的新理念。它依靠中国与有关国家既有的双边和多边机制，借助既有的行之有效的区域合作平台，旨在借用古代丝绸之路的历史符号，高举和平发展的旗帜，主动发展与沿线国家的经济合作伙伴关系，共同打造政治互信、经济融合、文化包容的利益共同体、命运共同体和责任共同体。

2016年5月20日，习近平总书记主持召开了中央全面深化改革领导小组第二十四次会议，提出要发展涉外法律服务业，要适应构建对外开放型经济新体制要求，围绕服务我国外交工作大局和国家重大发展战略，健全完善扶持保障政策，进一步建设涉外法律服务机构，发展壮大涉外法律服务队伍，健全涉外法律服务模式，提高涉外法律服务质量，稳步推进法律服务业开放，更好地维护我国公民、法人在海外及外国公民、法人在我国的正当权益。

在实施“一带一路”倡议过程中，中国企业“走出去”参与全球投资和融资活动亟须法制保障，亟须优质高效的专业法律服务，亟须开展深入细致的法律研究。由金茂凯德律师事务所“一带一路”法律研究与服务中心发起、汇集全球优质法律资源、组织相关国家的著名律师和法律专家，将相关国家和地区的法律进行分类研究，在此基础上出版“中国企业海外投融资法律研究”系列丛书，着实做了一件十分有意义的工作。该丛书由蜚声海内外的著名法学家、曾参与《中华人民共和国香港特别行政区基本法》制定工作的李昌道教授审定，国际律师协会和环太平洋律师协会理事李志强一级律师主编，一批国内外知名的专家、学者和企业家、金融家担任该丛书的指导和编委。我相信，该丛书的出版发行将有利于我国企业更好地参与国际经济贸易和金融活动，有利于推动中外法律文化交流与合作，也有利于提供我国参与全球治理的智力支持和法制保障。

李飛

2016年12月28日

General Preface

The New Silk Road Economic Belt and the 21st Century Maritime Silk Road, i.e. the " Belt and Road" Initiative, proposed by Xi Jinping, General Secretary, are new ideas put forward under the background of new global governance and a new concept to promote global cooperation and development. It relies on the existing bilateral and multilateral mechanisms of China and the countries concerned, with the help of existing effective regional cooperation platforms, aims to, under the historical symbols of the ancient Silk Road, hold high the banner of peaceful development, actively develop the economic partnership with countries along the route, work together to create a community of interests, a community of destiny and a community of responsibility of political mutual trust, economic integration, and cultural inclusion.

On May 20, 2016, General Secretary Xi Jinping presided over the 24th meeting of the Central Comprehensive Deepening Reform Leading Group, proposing to develop foreign-related legal services, adapting to the requirements of building a new open economic system, and focusing on serving the overall situation of China's diplomatic work and national major development strategy, develop and improve support policies, further develop foreign-related legal service institutions, develop and strengthen foreign-related legal service teams, improve foreign-related legal service methods, improve the quality of foreign-related legal services, steadily promote the opening of legal services industry and better protect the legitimate rights and interests of our citizens and legal persons and those of foreign citizens and legal persons in China.

In the implementation of the "Belt and Road" Initiative, when the Chinese enterprises going out to participate in the global investment and financing activities, they urgently need legal safeguarding, quality and efficient professional legal services and intensive and detailed legal research. The "Belt and Road" Legal Research and Service Center, established by Jin Mao Partners, published serial books on the overseas investment and financing for Chinese enterprises on the basis of legal research on related different countries and regions by famous lawyers and legal experts from relevant countries under the organization of Jin Mao Partners. It is a pretty meaningful work. The series was examined by professor Li Changdao, the renowned jurist at home and abroad, who has participated in the formulation of the *Basic Law of the Hong Kong Special Administrative Region of the People's Republic of China*. Li Zhiqiang (Jack Li), councilor of the International Bar Association and Inter-Pacific Bar Association, and grade A lawyer, is the chief editor. A number of experts, scholars and entrepreneurs, financiers acted as directors and editors of the series. The publication of this series, I believe, will help Chinese enterprises to better participate in the international economic, trade and financial activities, facilitate the promotion of the communication of legal and cultural cooperation between China and foreign countries, and help to provide intellectual support and legal guarantee for Chinese participation in global governance.

Li Fei

December 28, 2016

序

《中国企业赴瑞典、智利、巴西投融资法律研究》是“中国企业海外投融资法律研究”系列丛书第六部著作。本书聚焦赴瑞典、智利和巴西投融资法律研究和实务操作，为中国企业赴上述三国进行投融资活动提供了重要法律参考和法律指南。

中国和瑞典于 1950 年 5 月 9 日建立外交关系，瑞典是第一个与中国建立外资关系的西方国家，中国和瑞典互为在亚洲和北欧地区最大的贸易伙伴。

中国和智利于1970年12月15日建立外交关系。智利是第一个同中国建立外交关系的南美洲国家，也是第一个就中国加入世界贸易组织与中国签署双边协议的国家。中国是智利全球第一大贸易伙伴、第一大出口目的地国和第一大进口来源国，智利是中国在拉丁美洲第三大贸易伙伴和进口铜的最大供应国。

中国和巴西于 1974 年 8 月 15 日建立外交关系。中国是巴西第一大贸易伙伴、出口对象国和进口来源国。

中国企业赴瑞典、智利和巴西投融资潜力巨大，中国与瑞典、智利和巴西法学法律界人士交流合作日益频繁，为我国企业家和金融家提供了优质高效的跨国跨境法律研究与服务。

习近平主席指出，中国坚持对外开放的基本国策，坚持打开国门搞建设，积极促进“一带一路”国际合作，努力实现政策沟通、设施联通、贸易畅通、资金融通、民心相通，打造国际合作新平台，增添共同发展新动力。中国开放的大门不会关闭，只会越开越大。要以“一带一路”建设为重点，坚持引进来和“走出去”并重，遵循共商、共建、共享原则，加强创新能力开放合作，形成陆海内外联动、东西双向互济的开放格局。这些重要论断为新时代中国企业“走出去”参与国际投融资活动提供了路径和方向。

“一带一路”需要良好的法治环境，它集政治环境、经济环境、文化环境、社会环境、生态环境等之大成。我们一定要关注多边法律框架、双边国际合作规范，关注法律服务和金融服务的关联性，以及争端解决机制研究等，推动中国企业走向世界，世界企业走向中国，这是我们义不容辞的职责。

1990年夏，我的研究生、忘年交李志强开始从事律师工作，作为当年首位到民办律师机构工作的上海高校优秀毕业生，他不忘初心，钟爱事业，在为中外当事人提供优质高效法律服务的同时，长期注重前沿课题研究，2001年李志强当选上海市第八届“十大杰出青年”，成为这一奖项设立以来首位获此殊荣的专职律师。2012年李志强获评一级律师。2017年10月，李志强受聘担任“上海会议大使”，成为上海110名会议大使中的首位法律人，积极推动有影响的国际组织来华来沪举办国际会议。2018年3月，在菲律宾首都马尼拉举行的环太平洋律师协会第28届年会上，李志强当选环太平洋律师协会副主席，成为上海1843年开埠以来首位在国际律师组织中担任领导的上海律师。2019年4月27日，在新加坡举行的环太平洋律师协会第29届年会上，李志强当选环太平洋律师协会候任主席。李志强律师充分发挥他的特长和优势，广结海内外朋友，数十次在国际多边法律论坛上就“一带一路”倡议的法治内涵和中国改革开放40年来法治文明的巨大成就发表演讲，传播中国法律制度和法律文化的正能量，并积极研究港澳台地区和各国法律，为中国企业海外投融资活动提供法治保障。

自习近平主席提出“一带一路”倡议以来，金茂凯德律师事务所开启了“一带一路”法律研究与服务中心，并先后于2015年11月28日和2018年2月21日获准注册“金茂凯德”和“Jin Mao Partners”中英文商标，先后发起成立了G20律师服务联盟、金砖国家律师服务联盟、上海合作组织律师服务联盟、金砖+律师服务联盟和东盟律师服务联盟，在港澳台地区和五大洲的数十个国家设立了65个站点。加强对中国企业海外投融资相关法律研究和实践，将有助于中外法律文化交流互鉴，有利于中外法律人沟通合作，有益于中国企业更好、更稳、更快地融入“一带一路”伟业，也是法律界参与“一带一路”

倡议和构建人类命运共同体的伟大实践。

作为一名从事法学教学科研、立法执法、法治宣传、法律服务和参政议政等工作已 60 多年的老法律人，我衷心祝愿更多的法律人投身国家依法治国的宏伟事业，投身“一带一路”的伟大事业，在中华民族伟大复兴的中国梦征程中实现自身的人生梦。

2019 年 9 月 30 日

Preface

The *Legal Research on Investment and Financing for Chinese Enterprises in Sweden, Chile and Brazil*, the sixth series of "Legal Research on Overseas Investment and Financing for Chinese Enterprises", focuses research and practice operations on investment and financing in Sweden, Chile and Brazil, and provides important legal references and legal guidance for Chinese companies to go to the above three countries for investment and financing activities.

China and Sweden established diplomatic relations on May 9, 1950. Sweden is the first western country to establish diplomatic relations with China. China and Sweden are the largest trading partners in Asia and the Nordic region respectively.

China and Chile established diplomatic relations on December 15, 1970. Chile is the first country in South American to establish diplomatic relations with China. Chile is also the first country to sign a bilateral agreement with China on China's accession to the World Trade Organization. China is the world's largest trading partner, the largest export destination country and the largest source of imports for Chile. Chile is the third largest trading partner in Latin America and the largest supplier of imported copper.

China and Brazil established diplomatic relations on August 15, 1974. China is the largest trading partner, export target country and import source country for Brazil.

Chinese enterprises have great potential for investment and financing in Sweden, Chile and Brazil. China has increasingly exchanged and cooperated with the legal and legal circles of Sweden, Chile and Brazil, providing high-quality and efficient cross-border legal research and services for Chinese entrepreneurs and financiers.

President Xi pointed out that China adheres to the basic national policy of opening to the outside world, insists on opening the country to engage in construction, and actively promotes the international cooperation of the "Belt and Road" Initiative. China strives to achieve policy communication, facility connectivity, trade smooth, financing and people connectivity, create a new platform for international cooperation, and the door opening to the world will never close with the new power of common development. Quite contrary, it will only open wider. We must focus on the development of the "Belt and Road" Initiative, adhere to the principle of bringing in and going out, follow the principle of joint construction and sharing, strengthen the open cooperation of innovation capabilities, and form an open pattern of linkage between the land and the sea and mutual assistance between the east and the west. These important theories provide a path and direction for Chinese enterprises to go global to participate in international investment and financing activities in the new era.

The "Belt and Road" Initiative requires a good legal environment, which integrates political, economic, cultural, social and ecological environments. We must pay attention to the multilateral legal framework, bilateral international cooperation norms, pay attention to the relevance of legal services and financial services, and research on dispute resolution mechanisms, etc. It is our unshakable duty to promote Chinese enterprises to the world and world enterprises to China.

In the summer of 1990, Jack Li (Li Zhiqiang), my graduate student and bosom friend, began his work as a lawyer. As the first outstanding graduate from Shanghai University to work as a lawyer in private law firm, he did not forget his true heart and love his career. While providing high-quality and efficient legal services for Chinese and foreign parties, he paid great attention to the research on frontier issues. In 2001, he was elected as the eighth Top Ten Outstanding Youth in Shanghai, becoming the first full-time lawyer to receive this honor since the establishment of this award. In 2012 he was awarded a grade 1 lawyer. He was appointed as the Shanghai Conference Ambassador in October 2017, the first lawyer among the 110 conference ambassadors in Shanghai. He actively promoted influential international associations to hold international conferences in China or Shanghai. He was elected as the Vice President of the Inter-Pacific Bar Association at the 28th annual meeting and conference in March 2018, the first Shanghai lawyer to become the leader of the international bar associations since the opening up of Shanghai in 1843. He was elected as the President-elect of Inter-Pacific Bar Association at the 29th Annual Meeting and Conference held in Singapore on 27 April, 2019. He gives full play to his strengths and advantages, and makes friends from home and abroad. He gave speeches dozens of times in the international multilateral legal forum on the rule of law of the "Belt and Road" Initiative and the great achievements of the rule of law in China's 40 years of reform and opening up policy. He actively disseminate the positive energy of the legal system and legal culture, and actively study the laws of Hong Kong SAR, Macao SAR and Taiwan region and countries to provide legal protection for the overseas investment and financing activities of Chinese enterprises.

Since President Xi Jinping proposed the "Belt and Road" Initiative, Jin Mao Partners has established the "Belt and Road" Initiative Legal Research and Service Center, registered the Chinese and English trademark of "金茂凯德" and "Jin Mao Partners"on November 28, 2015 and February 21, 2018 respectively, establishment of the G20 Lawyer Service Alliance, the BRICS Lawyer Service Alliance, the Shanghai Cooperation Organization Lawyer Service Alliance, the BRICS + Lawyer Service Alliance and the ASEAN Lawyer Service Alliance, and established, for the moment, up to 65 stations in Hong Kong, Macao and Taiwan and the five continents. The strengthening on the legal research and practice on overseas investment and financing of Chinese enterprises will help the communication and mutual understanding of Chinese and foreign legal cultural, facilitate the Chinese and foreign legal persons to communicate and cooperate, and help Chinese enterprises to integrate better into the "Belt and Road" Initiative smoothly. It is also a great practice for the legal industry to participate in the "Belt and Road" Initiative and build a community of shared future for human.

As a law senior, being engaged in law teaching and research, legislation, law enforcement, propaganda of rule of law, legal services, and political participation and suggestion, I sincerely hope that more law people will join the national grand undertaking of governing the country according to law and join the great cause of the "Belt and Road" Initiative to realize the dream of life in the development of Chinese dream of the great rejuvenation of the Chinese nation.

Li Changdao

September 30, 2019

目 录

Contents

“一带一路”领航篇

"一带一路"行稳致远

周汉民

一个重大的国家倡议需要方方面面的支持。法律人支持显得尤为重要。

习近平总书记所谓的百年未有之大变局，是有具体内容的，是有明确表现的。它不仅表现为，国际经济形势仍然维持复苏的态势，但是动力减弱，风险震荡；它不仅表现为白热化的竞争，其最主要的矛盾是单边主义和多边主义的矛盾；它不仅表现为中国的周边环境趋于稳定，但时有起伏；它也不仅表现为，军事对峙在今天的世界形成了众多的认可；它不仅表现为，我们当下面临全球治理主导权之争，也就是到底是众人的事由众人商量，还是必须依照一个国家的内国法来处理国际关系和国际问题；它同样表现为，民粹主义甚嚣尘上而传统的政治力量日渐势薄。这六条是习近平同志对百年未有之大变局的基本判断。

中美两国的贸易摩擦始于2017年3月18日，美国贸易代表向总统提议，根据美国《1974年贸易法》第301条（其中一种条款我们称作"特别301条款"），规定对中国侵犯美国知识产权行为，要征收惩罚性关税。经历整整一年的调查，2018年3月18日，美国贸易代表处向总统提交报告，总统在3月21日批准这一报告，中美贸易摩擦于3月22日拉开序幕。

时隔一年零两个月之后的5月10日，中美贸易摩擦发展到在整个文明史中前所未有的地步。美国对中国输出美国的第一批360亿美元商品、第二批140亿美元商品，以及目前的2000亿美元的商品增收25%的关税。对这样的惩罚性关税，中国的态度十分明确，但是我们深究的问题不仅是表象，核心问题仍然是法律，我们要认真研究相关的立法，要从内国法的研究开始。

25 年前上海对外经贸大学成立法学院，我是首任院长，我给他们写下誓言。入读上海对外经贸大学法学院必须宣誓，入学第一天和毕业那天都要宣誓。“忠于祖国，报效人民，遵从宪法，维护法治，殚精竭虑，一往无前，为建设法治中国而奉献一生。”这是我当年写下的誓词，25 年后再读，我认为没有任何一个字需要改动。我们要唤起年轻人的爱国心。法学永远没有平坦道路可走，唯有在艰辛崎岖的路上攀登，才能达到光明的顶点。我们的“一带一路”也是如此。

在今天的世界，提出观点容易，但是让观点行其道十分艰难。中国“一带一路”倡议提出至今，有几个国家一直坚决反对，并大肆诋毁。近六年来，“一带一路”在艰难中前行。今天中国和 126 个主权国家、29 个国际组织签署“一带一路”国际协议，在“一带一路”沿线开辟了 82 个“境外经贸开发区”，其中中国的投资已经达到 390 亿元。在严峻的贸易摩擦的影响下，从 2013 年到 2018 年，中国和“一带一路”相关国家的双边贸易额突破 6 万亿美元，2019 年 1—3 月中国出口贸易的拉动主要依赖于“一带一路”的力量。除了这些数据和贸易、投资、境外合作区，最关键的在于我们创设了崭新的国际法造法原则。

2015 年 3 月 28 日，中国提出“一带一路”倡议之后首次提出“三共原则”：共商、共建、共享。近五年来，“三共原则”分别出现在《联合国大会决议》《联合国安理会决议》《20 国峰会联合声明》《亚太经合组织领导人非正式会议联合声明》《上合组织联合声明》中。我认为，这是中华人民共和国成立 70 周年对国际法造法原则的重大履行。我强烈建议，我们要深入研究“三共原则”及“三共原则”对世界未来发展的重要意义，而不是简单地把其他国家的法律罗列及翻译。应当注意的是，中国所倡议的“一带一路”之所以能得到世界的公认，就在于这重要的“三共原则”。

我在这里提三个建议，即以后我们要继续研究的三个问题。

第一个建议，我们要认真研究一系列双边协定，我们和 126 个国家签署了“一带一路”合作协议，在这 126 个国家中，中国和其中几个国家有双边投资协定，有双边税收协定，这两种协定极为关键，对这两种协定的研究也就是双边合作的法理基础。例如，中美之间是互为重要的投资伙伴，两国之间没有投资协定，这次惩罚性关税的征收也没有基于双边的贸易协定，因为中美之间的双边贸易协定同属于世界贸易组织的规则体系。美国人没有把世界贸易组织的规则放在眼中，所以我们要从一些国别的法律研究转向双边投资协定及双边税收协定的认证研究，在认证研究中重点在于发现我国签署的双边协定中是否存在“开口条款”，然后依据这些“开口条款”，根据将来中美两国达成的双边投资协定来决定这些双边协定的修改，因此，中美两国双边投资保护协定是重中之重。我们对中美之间的双边投资保护协定的讨论始于 2009 年，到 2016 年时几乎快要完成，但是美国政府的更迭，使中美之间的双边协定隐于无形。又如，瑞典是欧盟的重要成员国，中国与欧盟之间并不存在双边投资协定。中国与欧盟之间的双边投资协定的研究始于 2012 年，现在处于一种加速度的状态，预计 2020 年能够与欧盟达成双边投资协定，那将是一个重大的进步和发展。因此，我的第一个建议是我们的研究方向应该更扎实、更专业、更双边。

第二个建议是认真研究区域自由贸易协定的谈判和竞争。区域自由贸易协定的谈判和竞争当下存在关键的两点：一是中国、日本、韩国三国自贸协定，应该研究一番并提出重要建议，这一点刻不容缓；二是“十加六”自由贸易协定，即东盟十国加上中国、日本、韩国，再加上印度、澳大利亚、新西兰。这个区域经济协作合作体的谈判接连被推迟，希望这次谈判能够成功，其中就有中国、日本、韩国自贸协定的竞合。竞合是我们法律研究的一个重点，意味着中国、日本、韩国三国自贸协定有许多重要的条款与“十加六”自贸协定相吻合，这种对竞合的研究，越深入越对国家有利。

第三个建议，我们要认真研究世界贸易组织面临的结构性改革相关的建议。中美贸易谈判还没有结果，我们要非常深入地研究世界贸易组织结构性改革所提出的问题和任务，相关的问题和任务在很大程度上与中美现在的双边贸易谈判完全竞合。我做了个比较，竞合度超过 80%。

这三个研究方向，希望能成为我们系列研讨会的重要议题，深入一些，聚焦一点，最后为国家提供有用的建议。希望法学法律人士，尤其是年轻人，要有勇气，要坚持住，要做一些默默无闻的工作，在研究中找到突破。

（本文根据民建中央副主席、上海市政协副主席、上海市公共关系协会会长周汉民教授在 2019 年 5 月 10 日举办的中企赴瑞典投融资暨科创板法律研讨会上的演讲整理）

律师服务中国企业海外合规经营研究

李志强　游　广

随着经济全球化的不断深入，跨国公司走向全球公司，诚信合规经营成为全球公司的首要责任。中国企业走向世界，要想在已经建立起相关标准和秩序的全球商业环境中获得一席之地，需要按照全球公司的标准和要求来运营，才有可能生存和发展。因此，中国企业在全球化的过程中必须遵守本国以及经营所在国的法律法规。

2017 年 5 月，中央深改组第三十五次会议审议通过《关于规范企业海外经营行为的若干意见》，规范企业海外经营行为，加强企业海外经营行为合规制度建设。

2017 年 12 月，国家发展改革委、商务部等五部门发布了《民营企业境外投资经营行为规范》。

2018 年 11 月 2 日，国资委发布了《关于印发〈中央企业合规管理指引（试行）〉的通知》（国资发法规〔2018〕106 号），提出国资委履行出资人职责的国家出资企业应当强化海外投资经营的合规管理。

国家的高度重视及中国企业“走出去”步伐的加快，随之而来的就是不断爆发的中国企业受到调查的问题，诸如 FCPA（美国海外反腐法案）调查、337 调查（美国国际贸易委员会不公平调查）等，通过域外管辖、长臂管辖原则发起对国内企业的调查，应对这些调查不仅需要就事论事，更需要未雨绸缪做好企业的海外合规经营。为保障中国企业在海外的合规经营，我国律师在保证法律服务质量的同时，还应当高度重视企业合规经营的重要性，在借鉴国内外公司强化合规经营经验的基础上，尊重投资东道国的政策及风俗，构建多层次的争端纠纷解决方案，从而为中国企业的海外经营保驾护航。

一、中国企业海外合规经营现状

我国企业赴海外投融资的历史最早可以追溯到20世纪80年代中期。1979年，北京市友谊商业服务有限公司与日本东京丸一商事株式会社在日本合资兴建了京合股份有限公司，是我国开办的第一家海外合资企业，标志着我国海外投资的起步。[①] 近年来，在“一带一路”倡议下，中国企业“走出去”的规模不断扩大，境外企业已近3万家，境外企业资产总额超过3万亿美元，中国企业赴海外投融资的脚步已经遍布“一带一路”沿线各国。随着投融资规模的不断发展，中国企业海外经营缺乏合规性的弊端也暴露无遗。

据商务部网站发布的消息，2005年4月20日，北京矿冶研究总院与中国有色矿业集团在赞比亚共同投资设立的BGRIMM炸药公司发生特大爆炸事故，造成46人死亡，另有3人在医院治疗。

2016年3月，美国商务部对中兴通讯施行出口限制，禁止国内元器件供应商向其出口元器件、软件、设备等技术产品，原因是中兴通讯涉嫌违反美国对伊朗等国的出口管制政策。2017年3月，中兴通讯宣布与美国商务部达成和解，同意支付合计8.92亿美元的罚款；另有3亿美元罚金被暂缓，是否支付取决于未来7年中兴通讯对协议的遵守等情况。2018年4月16日，美国商务部宣布，因中国通信设备制造商中兴通讯股份有限公司未履行2017年3月与美国商务部达成的和解协议中的部分条款，美国商务部决定，禁止任何美国公司向中兴通讯出售零部件、商品、软件和技术。该禁令即日生效，期限为7年，截至2025年3月13日。

除以上案件之外，中国企业在海外投资、经营过程中，还存在较多不成功的案例。其中，2005年中海油以185亿美元全现金方式竞购美国尤尼科失败案、2008年中铝以195亿美元收购矿业巨头力拓18%股权毁约案和2009年一笔缴纳157亿美元昂贵学费的平安—富通案较富典型性和代表性。追析以上案例失败的原因，固然有诸多因素，但较为直接和致命的因素在于缺乏

① 张亚军，彭剑波．我国企业境外投资的现状、法律风险及对策[J]. 法制与经济，2016（1）.

有效且高质量的律师服务。

二、中国企业海外合规经营的困境

据统计，中国企业赴海外投融资，在能源、矿产和基础设施领域的失败案例高达70%，而在海外经营的过程中，当权利受到侵害时，大部分中国企业往往吃哑巴亏，不了解投资东道国的法律和相关国际法规定，不懂得如何维权，甚至不太愿意维权。多数中国企业对海外市场不了解，对海外投资项目缺乏规范的法律管理，不注重风险防范，不注重合规经营，这些问题给中国企业海外经营带来许多困难，甚至损失惨重。具体地说，中国企业海外合规经营的困境，或者说，中国企业海外经营面临的法律风险具体如下。

（一）缺乏对东道国法律制度和政策的了解

中国企业在“走出去”的道路上，一路探索，积累了不少宝贵的经验，同时也吸取了不少教训，这主要是由于中国企业的法律意识淡薄，同时又缺少对投资东道国相应的法律及政策的了解，导致企业在海外经营过程中屡遭坎坷。除此之外，投资东道国复杂的法律环境和政策环境也是中国企业海外合规经营的重大挑战之一。就东盟国家而言，东盟国家的法律制度由于受历史等因素的影响，各国不尽相同。东盟各国的经济发展水平不均衡及民族和文化的差异，使其政策环境也较为复杂。

除了法律规定，一些政策性的因素也不容忽视，但我国企业在海外经营过程中没有足够重视这一因素。比如，在东道国进行项目建设时不注重环境保护，不了解当地的民族文化及风俗习惯，这些看似较小的问题，往往能给项目的建设带来巨大影响，甚至使项目搁浅，给投资企业带来难以估计的损失。

（二）东道国投资政策缺乏长期的稳定性

中国企业海外合规经营的另一个重要挑战便是部分东道国投资政策缺乏长期的稳定性。以俄罗斯为例，俄罗斯的投资政策往往具有多变性，经常会单边修改政策，致使在俄罗斯的外国企业不能把握政策变动方向而遭受损失。一直以来，投资政策受到政治因素的影响较大。政治环境不稳定被外国投资者视为在俄罗斯投资的最大风险来源，乌克兰局势，俄罗斯与欧洲、美国的关系变化都可能影响俄罗斯的经济局势，进而产生很大的投资收益波动。2009 年以前，俄罗斯的阿穆尔州鼓励中国企业在其所辖区域内进行木材加工投资，但是之后，中国企业在该领域的投资有所下降，原因在于当地一些官员指出存在盗伐林木问题，建议禁止向境外出口木材。这种投资政策变化有可能给中国企业带来较大损失。

（三）中国企业海外经营缺乏合规意识

一些中国企业由于在国内进行工程建设时饱受诟病，在海外经营时也不进行规范化的法律运作，靠权力、靠关系，同时抱着部分东道国的法律相对落后和不健全的侥幸心理，这往往给项目的正常施工和运营埋下了很多法律隐患。还有的企业在签署了合同或项目建设备忘录后，不及时建设，或者在合同到期过后再没有与投资东道国政府重新签订合同，致使项目搁浅。

此外，不同项目的投资、经营根据不同的融资模式，所涉及的合同文本是不一致的，但是，无论采用什么样的融资方式，一定要及时签订合同，同时尽责调查该类项目的合同在当地政府的执行问题。以中国企业在东盟国家进行基础设施建设为例，东盟国家市场潜力巨大，投资机会众多，但是，东盟国家多为发展中国家，投资环境相对复杂，投资市场管理还不规范，政府监管存在漏洞。而基础设施建设是一个内容众多、主体众多的投资项目，中国企业在东盟进行基础设施建设时，除了要与当地政府或代表政府的企业加强合作，还要与许多东盟国家的企业进行合作。当地企业的实力、背景及商业信誉需要中国企业在与其进行合作前，完成充分的调查，然而中国企业往往忽视这一点。不仅是东盟国家的企业，甚至是政府也存在信用风险，有一些政府为了招商引资，或是缓解政府负债危机，对外公示一些极具投资吸引力的虚假信息，不少中国企业不进行深入的调查了解，又缺乏相应的法律意识，对合同的签订未做合理分析，对合同中的法律缺陷和模糊约定不去追问和矫正，这些企业的行为常常使其难以维护自己的利益。

（四）环保风险

中国企业在海外经营必然会触及东道国的环境问题，不同的投资东道国，环境保护力度也大相径庭，但殊途同归的是，东道国对于海外资本的环保标准设定都较为严格。中国企业在海外经营，承担的环境责任和相应的环境风险也日益增加，如果企业环保意识淡薄，不履行环境社会责任，一方面易与东道国产生环境纠纷，给企业自身带来直接的经济风险，另一方面有损于我国的环境形象。

此外，中国企业在海外经营的过程中，缺乏对东道国环境法的深层次研究，欠缺环保意识，除了会对项目的正常进行造成影响，还有可能面临东道国政府的诉讼，甚至承担刑事责任。部分东道国，如菲律宾、老挝、马来西亚、泰国的环境法规便存在关于承担环境责任而予以监禁的规定。

（五）劳工风险

随着中国企业“走出去”的态势愈演愈烈，海外用工已经成为中国企业海外合规经营的重要指标之一。“一带一路”沿线国家大多数是劳务输出大国，而且本国产业中劳动密集型产业占多数，所以各个国家在劳动法方面的规定比较详细，主要在劳动合同（包括签订与终止）、劳动报酬、假期、工作时间等方面规定详尽。以东盟国家为例，东盟国家在面对外籍劳务人员的问题上，为了保护本国的就业市场，提高本国人员的就业率，对外籍劳务人员的限制比较严格，除了有对外来人员技术和管理能力方面的要求，有的国家还实行外劳人员配额制。除了配额限制，东盟许多国家对外来人员进入标准也有限制，对外籍人员的许可大多是要求具有专业技能或者管理经验，对普通劳动者的进入要求极为苛刻。另外，对外劳人员的健康程度也有一些要求，不过大部分是要求没有传染性疾病。

此外，关于中国企业海外经营的劳工风险还涉及中国籍海外任职员工的劳动争议问题，我国现行有效的劳动法的制定是为了保护劳动者的合法权益，其中大量涉及的是国内劳动用工的问题，但是随着经济发展局势和法律更新之间的落差，现行法律、政策并未涉及中国籍员工在海外子公司工作争议的处理办法，这就导致发生争议后，法院只能生搬硬套国内现行劳动法律，但明显该类员工劳动关系发生在海外，导致适用法律与事实不符。甚至国内外同时存在两种截然不同的判决结果，法院、企业处于两难局面。①

三、律师服务助力中国企业海外合规经营

在当今全球融合加剧的背景下，中国企业赴海外投融资的浪潮势不可当。虽然在这个过程中，中国企业将会面临各种各样的法律风险，但是高质量且高效的律师服务必然能够为其保驾护航。面对诸多法律风险及企业海外经营的困境，中国律师应当秉承“打铁还需自身硬”的理念，在总结和推广强化责任合规经营的成功经验基础上，协助公司积极构建和健全内部的合规体系，同时加强合规风险预警和控制机制的完善。

（一）提醒企业高度重视合规经营

中国企业在海外经营，首先要认识到合规经营的重要性。以英国和美国为首的西方国家对于外资企业的合规经营均设定了较为严格的标准，例如，美国反海外腐败法和英国反贿赂法等打击海外腐败的法规规定，中国在英国和美国等国上市的公司，英国和美国等国公司在中国设立的子公司、代表处及其雇员，甚至通过英国和美国银行转账的中国企业，如有腐败行为都应当受其管辖。

国外跨国公司早期对外投资往往不承担社会和环境责任，甚至在跨国公司发展的初期，一些国家还允许跨国公司在国外承接项目时通过中介行贿。但是随着经济全球化潮流的不断推动，国际组织及各个国家都按照全球最高标准来规定外资企业在本国的经营行为。因此，在高举“一带一路”倡议的当下，“走出去”的对外投资企业应当特别加强对合规经营重要性的认识。在中国企业未能提高警惕之时，中国律师也应当及时警醒中国企业高度重视合规经营。国外跨国公司及我国企业的经验表明，高度重视企业全面责任和合规体系建设对于企业强化合规是必要条件。当然，中国企业在“走出去”及在东道国经营的过程中，中国律师应当协助中国企业积极践行中国政府制

① 段少清．中国“走出去”企业海外中国籍员工用工风险分析 [J]. 中小企业管理与科技（中旬刊），2017（3）.

定的海外企业合规管理指引等法律法规设定的义务，不断地强化和完善公司内部合规治理体系。

（二）借鉴国内外公司强化合规经营的经验

要保障中国企业在海外的经营达到合规标准，中国律师也要积极借鉴国内外公司强化合规经营的经验。除了西门子等国际著名跨国公司已经积累了丰富的合规经营的经验，我国一大批企业在对外投资和经营的过程中也积累了许多成功的经验。因此，我们不仅要借鉴国际跨国公司的合规经验，也要借鉴中国企业在海外合规经营的成功经验。

中交股份公司下属一家子公司被世界银行认定在海外项目中有商业腐败行为而被停止接受该类项目。此后该公司认真总结经验教训，建立了《海外业务合规管理办法》等 9 项制度及配套操作流程指引，从而满足了世界银行等国际组织的合规要求。

2010 年 11 月至 2011 年 2 月，中国海洋石油总公司在中国海油全系统全面开展合规运营、廉洁从业专项效能监察，重点检查所属单位在依法合规运营方面、管理人员在廉洁从业方面存在的问题。① 从专题教育到专项检查，公司积极践行东道国制定的合规经营标准。中交股份和中海油等公司的经验表明，中国企业在海外经营完全可以实现合规经营，满足东道国设定的严格标准。

（三）重视法律服务质量，协助企业做好项目尽职调查

中国企业在海外的投资、经营是一项复杂的工程，会涉及投资目的国的许多法律，如投资法、劳动法、环境法、税法、公司法等，尤其是一些法律为了维护本国的经济发展和利益，设置了限制或禁止性规定，如股份的持有比例、外籍员工的配额限制等，这些都要求中国律师在企业投资前及经营过程中有充分的了解。由于部分东道国法律环境相对复杂，法律及政策变动较大，加之语言方面的阻碍，我国律师也应当仔细研读东道国的法律法规，时刻关注东道国的政策变化，在企业的每个项目中做好全面的尽职调查，为企业提供有效的法律支持。

---

① 王志乐．中国跨国公司需要强化合规经营 [J]. 亚太经济，2012(4).

（四）尊重东道国的法律、文化与民族风俗

在协助企业海外投资、经营过程中，中国律师也要充分尊重当地的法律，进行规范化的法律运作，从海外投资项目的落实，到实际操作，再到运营管理，都需要遵守当地的法律法规、政府的规章制度。还要了解当地的文化传统及民族风俗，避免触及当地民族与宗教的问题，以免引起当地民众的动乱，给项目运行和正常的经营管理带来阻碍。

同时，在中国企业海外经营的过程中，中国律师也应当协助企业积极带动当地经济的发展，促进当地就业，注重生态环境保护与经济的可持续发展理念。首先，中国企业海外经营及海外投资过程中将不可避免地涉及土地征收与搬迁的问题，对于失去土地和家园的当地居民来说，就业及如何保障基本生活就成为一个很现实的问题。除了当地政府给予的保障，我国企业在进行海外投资、经营时可以考虑雇用当地劳工，同时保障劳工权益，解决当地民众的就业问题，不仅可以树立良好的企业形象，而且可以给企业带来长远的利益，同时可以促进当地经济的发展。其次，在海外投资前要做好环境影响评估，避免对当地的自然生态环境造成破坏。执行严格的环保标准，在工程设计和选址方面要充分考虑到当地的自然地理与人文环境，在项目的建设过程中要注意环保材料的选用、工程及建筑工人生活垃圾的处理，做到保障当地社会、经济与环境的可持续发展。

（五）构建多层次的争端解决方案

中国企业在海外经营过程中，必然涉及项目投资合同的签订。在合同条款的磋商过程中，中国律师必须明确争端的解决方式和法律依据，这不仅可以保护我国企业的权益，而且能够保障海外投资项目的有序进行。在明确争端解决方案时，中国律师也要运用新的思维与理念，将国际上先进的争端解决方式纳入合同文本中，同时构建多层次的争端解决方案。首先，要明确各种争端解决方式的利弊与适用条件。其次，在合同的签署过程中要注意以下三个问题：一是合同中应指出其适用的法律；二是明确由一种争议解决方式进入另一个争议解决阶段的时间限制，也称为冷静期；三是要明确仲裁地点。

明确各个争端解决机制的运用，在争议发生前就能够预见到各种争端解

决方式可能带来的后果，有助于我国企业更好地解决海外投资中的争端问题，发展和构建多元化的争端解决机制将使我国企业与国际市场接轨，也是我国企业融入经济全球化的必然选择。

提高仲裁国际化 助推“一带一路”发展

李志强 游 广

一、“一带一路”倡议发展对国际化仲裁的需求

（一）“一带一路”倡议与中国企业“走出去”

截至 2018 年底，中国已累计同 122 个国家、29 个国际组织签署了 170 份政府间合作文件。同时，中国一直对“一带一路”沿线国家贸易和投资总体保持增长态势，2013—2018 年，中国与“一带一路”沿线国家进出口总额达 64691.9 亿美元，建设境外经贸合作区 82 个，对外直接投资超过 800 亿美元，上缴东道国税费累计 20.1 亿美元，为当地创造 24.4 万个就业岗位。在宏观经济背景下，我国也加快了与沿线国家对等的社会与文化交流。截至 2018 年底，我国与 61 个沿线国家共同建立了 1023 个对外友好城市，占我国对外友好城市总数的 40.18%。① 可以说，在“一带一路”倡议下，全球一体化、友好化、合作化的趋势不断深入，各个国家的联系不断紧密，初步形成了共赢的总体态势。

2017 年 5 月，中央深改组第三十五次会议审议通过《关于规范企业海外经营行为的若干意见》，规范企业海外经营行为，加强企业海外经营行为合规制度建设。2017 年 12 月，国家发展改革委、商务部等五部门发布了《民营企业境外投资经营行为规范》。2018 年 11 月 2 日，国资委发布了《关于印发〈中央企业合规管理指引（试行）〉的通知》（国资发法规〔2018〕106 号），提

① 中国一带一路网 . 数说“一带一路”成绩单［R/OL］.［2019-07-02］. https://www.yidaiyilu.gov.cn/jcsj/dsjkydyl/79860.html.

出国资委履行出资人职责的国家出资企业应当强化海外投资经营的合规管理。

虽然从国内法的角度，中国出台了一系列法律法规及规章性文件，规范赴海外投融资企业的合规经营，但是，投资环境的不可控依然会使赴海外投融资的企业面临各种不同的风险，也必然会产生一系列与东道国或者东道国企业之间的争端纠纷，而高效、自由程度较高的国际化仲裁争端解决机制必然会是赴海外投融资企业的优先选择之一。

（二）"一带一路"倡议下中国仲裁国际化的机遇和挑战

在"一带一路"倡议不断深化的新时期和新背景下，中国仲裁的国际化发展必然面临着新的挑战和机遇。

1. 中国仲裁国际化的挑战

中国仲裁国际化发展面临的一个首要重大挑战，便是来自国际仲裁市场的激烈竞争。"一带一路"沿线区域作为目前全世界极具发展潜力的区域，其仲裁服务市场也被全球各大知名商事仲裁机构看好，内部的竞争必然十分胶着。不得不承认，与国际上主要商事仲裁机构相比，我国相关仲裁机构仍有不小的差距，尤其是发展极不平衡，大多数仲裁机构缺乏办理涉外案件的实践和经验。[①] 在外资企业来华进行国际贸易和投融资的过程中，许多外资企业面临投资争端纠纷时，也倾向于选择一些国际知名的仲裁机构，甚至选择在外国进行临时仲裁。为了抢占市场，香港国际仲裁中心、国际商会仲裁院及新加坡国际仲裁中心等一大批知名国际仲裁机构分别在上海自由贸易试验区内设立了相应的办公室和代表处。这意味着，在不久的未来，我国仲裁服务市场也将面临着国际仲裁机构的冲击，这些激烈竞争必然会对我国仲裁机构的国际化程度提出更高、更新的要求，对我国仲裁人员的总体素质及专业能力提出更全面的要求。

另外，中国仲裁进行国际化发展的时间紧迫。《2015 年度中国企业"走出去"调研报告》显示，在"走出去"的中国企业中，有半数企业在国外遇到不同程度的民事诉讼、刑事诉讼、行政处罚和仲裁问题。另有相关调查显示，中国企业在境外的仲裁尤其是海事仲裁败诉率高达 95%，同时还要负担高额

① 我国涉外商事仲裁国际化程度提升［EB/OL］.［2019-07-02］.http://www.gov.cn/xinwen/2015-09/22/content_2937083.htm.

的仲裁成本。[①] 目前，随着“一带一路”倡议的不断深化，中国企业赴海外投融资的步伐不断加快，为了更好地保护中国企业的海外经济利益，降低中国企业的仲裁成本，加快我国仲裁国际化的进程已经迫在眉睫。

2. 中国仲裁国际化的机遇

每一个重大历史时期在存在诸多挑战的同时，也必然存在众多机遇。因此，在面临上述重大挑战时，我国仲裁制度也在国际化的进程中日趋完善。蓬勃向上的大环境和大背景为中国仲裁的国际化之路带来了绝佳的发展机遇。

首先，在“一带一路”倡议深化的大背景下，我国同“一带一路”沿线国家，尤其是同东南亚和欧盟国家的经济贸易往来将更加频繁，但是由于各国之间经济发展、法律制度及历史文化上的差异，在国际经济贸易活动进行的过程中，各国企业之间出现的国际经济贸易纠纷将不可避免地呈现增长之势。大量的国际经济贸易纠纷需要得到及时公平的解决，否则相关经济贸易活动将会面临中断甚至是终止的风险。仲裁以其当事人自治、灵活、高效、保密及裁决执行具有国际性等方面的优势受到了国际投融资企业的广泛关注，成为解决争议、消除投资和贸易障碍的重要途径。经过多年的发展，我国也出现了一批在国际仲裁服务市场上较具名声和规模的仲裁机构，如中国国际经济贸易仲裁委员会、北京仲裁委员会、上海国际仲裁中心、武汉仲裁委员会和深圳国际仲裁院。面对“一带一路” 倡议下进入国际仲裁服务市场的宝贵机遇，它们将充分发挥自身的专家资源优势，在总结“中国经验”的基础上，进一步推动国际化的发展进程，从而培养自身的国际仲裁文化，打造国际知名的仲裁品牌。

其次，综观“一带一路”沿线区域，不难发现，沿线的 60 多个国家大部分是发展中国家，其国内比较知名、仲裁理论水平较高的仲裁机构并不多见。相较而言，我国仲裁机构在国际仲裁服务市场及国际商事仲裁领域具有较强的比较优势，这也将为我国仲裁制度、仲裁机构的国际化发展带来很好的战略性机遇。因此，抓住机遇，提升专业水平，完善仲裁规则，积极服务沿线各国的企业，为当事人公平高效地解决相关贸易和投资纠纷，在进一步扩大国际案源、开辟海外仲裁服务市场的同时，积极开展对外交流合作，是我国

① 把中国建设成为国际仲裁中心［EB/OL］.［2019-07-04］. http://www.ccpit.org/Contents/Channel_3429/2016/0310/592878/content_592878.htm.

仲裁机构的必然选择。[①]

二、"一带一路"倡议下中国仲裁国际化的现状

(一)中国仲裁国际化的现状

近年来，我国已经通过积极立法和加入相关国际公约相结合的方式初步建立起一套较为完善的仲裁机制。在涉外仲裁方面，《中华人民共和国仲裁法》(以下简称《仲裁法》)中设立专章予以规定；涉外仲裁的承认与执行也通过加入《纽约公约》和《华盛顿公约》等公约的方式予以实现。在"一带一路"倡议下，中国企业与沿线国家的涉外仲裁案件势必与日俱增，当事人双方在合同中约定的层出不穷的新仲裁机构与仲裁规则，也为我国仲裁制度的发展与创新带来了全新的动力。

1. 我国仲裁的立法现状及加入的国际公约

从国际层面来看，仲裁的立法模式主要存在两种情形，即"单一制"和"双轨制"。我国采取的是"单一制"的仲裁立法模式，国内仲裁及国际仲裁适用的是统一的《仲裁法》，其中"涉外仲裁"在《仲裁法》第七章中予以特别规定。而适用"双轨制"仲裁立法模式的代表性国家是新加坡，新加坡分别出具《新加坡仲裁法》及《新加坡国际仲裁法》对新加坡的国内仲裁和国际仲裁分别加以规定。"双轨制"也是目前世界上大多数国家所采取的仲裁立法模式。

多边条约方面，我国已经是《纽约公约》和《华盛顿公约》的缔约国之一，但是对于《华盛顿公约》，我国只是同意将因为征收和国有化产生的相关补偿争议提交国际投资争端解决中心(以下简称 ICSID)管辖。"一带一路"沿线区域包含 65 个国家，其中多数国家是《纽约公约》的缔约国，有 54 个国家是《华盛顿公约》的签署国。双边条约方面，我国已经和"一带一路"沿线区域 53 个国家签署了双边投资协定，现有的双边投资协定均同意以专设仲裁庭的方式解决双边投资争端纠纷，但是明确接受 ICSID 管辖的国家只有

---

① 郭玉军，付鹏远. 当代中国仲裁的国际化发展：现状、挑战与应对［J］. 武汉仲裁(第一辑)，2018(12).

19 个。

2. 主要仲裁机构与仲裁规则

据统计，目前我国已成立的仲裁机构有 160 余家，主要处理涉外投资争端纠纷的仲裁机构包括中国国际贸易仲裁委员会、中国海事仲裁委员会、香港国际仲裁中心及南沙国际仲裁中心。随着“一带一路”倡议的深化及上海自由贸易试验区的设立，国际商会仲裁院、新加坡国际仲裁中心等国际知名仲裁机构也纷纷在中国上海自贸区设立办事处。在仲裁机构不断丰富的同时，部分仲裁机构也尝试引入临时仲裁、友好仲裁等国际先进仲裁制度。此外，在仲裁规则方面，除了仲裁机构的一般仲裁规则，我国还出台了自贸区仲裁规则、网络仲裁规则、技术合同仲裁规则等特殊仲裁规则。①

3. 仲裁案件的受理情况

我国仲裁机构涉外案件的受理数量近年来与日俱增，其中 2016 年全国共有 62 家仲裁委员会受理涉外及涉港、澳、台案件 3141 件，同比增长 51%，创 20 多年来最大增量和增幅；除涉港、澳、台案件外，其他涉外案件 1546 件，占比为 49%，涉及全球 57 个国家和地区。除受理案件的数量之外，涉外案件所涉标的总额、调解和解率等其他几项指标也均有显著提高。

（二）中国仲裁制度存在的问题

面对国际投资争端，国际商事仲裁将会是一个重要的解决方式，也是双方当事人重要的维权方式，因此“一带一路”倡议的推进需要国际化、专业化的仲裁制度保驾护航，但在我国，仲裁制度的国际化还有很长的路要走。

1. 涉外仲裁立法缺位

正如上文所提到的，我国的仲裁立法采取的是“单轨制”模式，仅在现行有效的《仲裁法》中以 9 个条文对涉外仲裁作了特别规定，缺少对涉外仲裁的专门立法。

一方面，我国推进“一带一路”倡议和自由贸易试验区的建设，不可避免地会涌现出各式各样的新型涉外投资商事纠纷，其复杂程度将会远远大于国内商事争端案件。与此同时，自由贸易试验区的良性运作也需要国际化、

① 杜玉琼，帅馨．“一带一路”背景下中国仲裁制度的完善［J］．宜宾学院学报，2018（3）．

专业化、高水平的仲裁纠纷解决机制保驾护航。以上海自贸区为例，其运行以来服务业开放程度逐渐加深，区内企业经营形态呈多元发展趋势，交易方式丰富各异。区内产生的商事纠纷不仅包括传统的贸易、物流等纠纷，还包括新型领域的争议，如融资租赁、期货等金融衍生品及文化服务、专业服务等方面的争议。[①] 此外，在“一带一路”倡议的深化过程中，诸多新型投资争议如跨境金融业务、跨境电商等争议也层出不穷，往往这些争议主要涉及外国的法律法规及国际贸易规则、惯例等多方面的内容，也和“一带一路”沿线区域多元文化背景息息相关。

另一方面，还有关于涉外案件的仲裁裁决承认和执行问题。国内仲裁制度与相关仲裁法律法规的缺失，使涉外仲裁的制度时常要结合国内仲裁制度进行考虑。国际争端投资者将争议诉诸仲裁机构，关注重点当然是仲裁机构所作出的裁定是否有效并且能被其他国家或地区承认和执行。根据我国《仲裁法》和《民事诉讼法》的相关规定，法院应当对仲裁进行司法监督，主要采取如下两种措施：一是不予执行仲裁裁决，二是撤销仲裁裁决。“不予执行”和“撤销”这两种司法监督制度的重复设置，容易使仲裁裁决的效力长期处于不确定的状态。[②] 复杂的程序、不确定的状态都会降低我国仲裁机构在国际仲裁服务市场被争端投资者选中的可能性，以及我国作为涉外案件仲裁地的可能性。另外，加上涉外案件在代理、时效、取证、送达及法律适用上所具有的独特性，我国现有“单轨制”的仲裁立法模式将很难应对“一带一路”倡议深化过程中可能涌现的大量国际投资纠纷等国际仲裁案件。

2. 临时仲裁制度缺乏法律支撑

临时仲裁是当事人依协议组建仲裁庭或者授权仲裁庭自选程序的特别仲裁制度。[③] 在临时仲裁制度下，争端双方当事人可以协商一致设计新的仲裁规则，也可以约定选择现有的仲裁规则。相较于普通的仲裁制度，临时仲裁具备灵活性、高效性、经济性的优势。目前，美国、英国、新加坡等诸多国

---

① 黄炎．“一带一路”战略背景下中国自贸区仲裁纠纷解决机制创新研究［J］．河北科技大学学报，2016（2）．

② 刘武俊．中国仲裁制度的实证研究：中国仲裁制度的现状分析及完善对策［J］．郑州经济管理干部学院学报，2007（1）．

③ 杨良宜．国际商务仲裁［M］．北京：中国政法大学出版社，1997．

家都纷纷确立了临时仲裁制度。我国《仲裁法》规定，仲裁协议的一个重要生效要件就是选定仲裁委员会，由此可见，我国在立法上不承认临时仲裁的效力。

我国是《纽约公约》的缔约国之一，在加入公约之际，我国并没有对临时仲裁条款作出保留声明。根据《纽约公约》的规定，公约所指代的“裁决”既包括机构仲裁所作出的裁决，也包括临时仲裁所作出的裁决。因此，我国对于公约所提及的临时仲裁制度予以承认。由此不难发现，我国仲裁立法规定与《纽约公约》中关于临时仲裁制度的安排是背道而驰的。随着自贸区的高速发展及“一带一路”沿线经贸往来的不断加深，单一的机构仲裁模式显然已经无法满足经济发展对争端解决方式便利化的要求，目前国际仲裁的发展趋势便是临时仲裁与机构仲裁的协调统一。

2016 年 12 月，最高人民法院印发了《关于为自由贸易试验区建设提供司法保障的意见》（法发〔2016〕34 号）（以下简称《意见》），从而确立了在自贸区适用的临时仲裁制度，承认了自贸区内的企业之间约定仲裁地在内地，且符合“三个特定”的临时仲裁协议的效力。但是该《意见》也存在一定的局限性，《意见》并未具体阐明“三个特定”条件的具体内涵，也没有详细描述临时仲裁制度的适用范围，同时在临时仲裁协议的效力发生争议时，还需要最高人民法院作出最终裁定。这些局限性的存在显然无法充分发挥临时仲裁制度的高效性等特征。

2017年3月，珠海仲裁委员会首次颁布了《横琴自由贸易试验区临时仲裁规则》，对自贸区内临时仲裁制度的适用作了较为详细的规定，但其依然缺乏全国人大及其常委会的授权和相应的法律渊源。虽然全国人大常委会通过了《关于授权国务院在中国（上海）自由贸易试验区暂时调整有关法律规定的行政审批的决定》（以下简称《决定》），但是该《决定》并没有授权自贸区可以暂停适用《仲裁法》。因此，如果不从《仲裁法》的角度改变关于仲裁协议生效要件的相关规定，或者直接由人大授权自贸区可暂停适用该规定，那么珠海仲裁委员会颁布的临时仲裁规则师出无名。总体而言，我国在临时仲裁方面虽有尝试，但仍然没有从立法层面来确立临时仲裁制度的效力。

3. 仲裁服务的开放问题

从理论层面来看，我国加入世界贸易组织协定书在附件 9“关于服务贸易的具体承诺”中并没有对仲裁机构法律服务作出明确规定。同时，全国人大颁布的《决定》“扩大服务业开放”项下也没有提及开放仲裁服务。但是目前已有以国际商会仲裁院、香港国际仲裁中心、新加坡国际仲裁中心为代表的知名国际机构在自贸区成立代表处或办公室。“一带一路”沿线区域已经成为国际仲裁服务市场最受关注的“新大陆”，各大知名国际仲裁机构竞争异常激烈。不可否认的是，国际知名仲裁机构的引入必然会刺激我国仲裁服务行业的迅速发展，但关于仲裁服务的开放也存在诸多问题，例如，仲裁服务是在全国范围内开放，还是仅在自贸区的范围内先行先试？如果开放仲裁服务，境外国际仲裁机构在入驻自贸区前，是否能够享受准入前的国民待遇？在入驻以后，又是否能够享受与境内仲裁机构相同的待遇？这些问题都需要我们进一步探讨。

4. 仲裁机构缺乏独立性

与诸多国际知名仲裁机构相比，我国仲裁机构在管理模式上主要采取的是事业单位管理模式，决策机构和执行机构往往混为一体。仲裁机构具有半官方性和半行政性。许多仲裁委员会办事机构由行政官员兼职管理，政府法制部门享有许多仲裁机构人员调配、管理权力。[①] 虽然我国《仲裁法》明文规定，仲裁不受行政机关、社会团体和个人的干涉，但实际上，我国仲裁机构多数还是依附于行政机关，我国《仲裁法》也没有就仲裁机构的法律地位作出一个明确的定义。这将会在很大程度上影响中外国际投资争端当事人选择中国大陆仲裁机构进行纠纷解决。

三、中国仲裁国际化的路径

“一带一路”沿线区域经贸往来频繁，全球仲裁服务市场竞争日趋激烈。沿线区域投融资企业迫切需要的是既能与国际最新规则高度接轨又能契合“一带一路”沿线争议解决需求的国际仲裁机制，很显然现有的仲裁机制无法满足这一要求。因此，在“一带一路”倡议不断深化的背景下，推进我国仲裁国际化可以从以下路径进行考虑：借鉴国际知名仲裁机构的制度经验，打造

① 郝毓，张升．关于完善我国商事仲裁制度之构想［J］．重庆科技学院学报，2011（15）．

国际化仲裁员队伍，深化国际交流与合作，重视国际案源的开拓。

（一）借鉴国际知名仲裁机构的制度经验

制度引导实践，我国仲裁走向国际化首先要在制度层面上制定法律，从而在具体实务中去除相应的法律障碍。在明确我国仲裁制度现有弊端之后，主要可考虑借鉴国际知名仲裁机构的制度经验，借鉴新加坡"双轨制"立法模式，从而实现我国仲裁制度与国际成熟仲裁制度顺利接轨，为引入临时仲裁制度提供相应的法律支持。同时，借鉴国际知名仲裁机构的仲裁员名册开放制度，推动我国仲裁行业专业化与国际化的不断前进。

1. 新加坡双轨制仲裁立法经验

国内仲裁机构需要积极借鉴和学习、参考国际知名仲裁机构的仲裁经验与实践，例如，引入临时仲裁制度、对外开放仲裁服务等先进的仲裁制度。当然，在借鉴国际仲裁先进经验的同时要秉持"取其精华，去其糟粕"的态度。新加坡是世界上新兴的国际商事仲裁中心，新加坡国际仲裁中心也是国际知名的仲裁机构，自 1994 年《国际仲裁法》颁布生效以来，新加坡便开始实行国际仲裁和国内仲裁双轨制的运作模式，其国际仲裁和国内仲裁分别通过立法加以规定，体系严谨。与"单轨制"立法模式不同，"双轨制"立法模式可以在实现仲裁与国际接轨的同时，维护和稳定国内仲裁制度。鉴于此，我国可以考虑借鉴新加坡"双轨制"仲裁立法模式的优秀经验，在仲裁领域采取"双轨制"的立法模式，从而在满足涉外仲裁切实需要的同时，最大限度地保障争端当事人的"意思自治"，使仲裁制度更具灵活性。此外，仲裁领域"双轨制"的立法模式在受到国际社会认同的同时，也将在制度层面上增加中国被选作仲裁地和中国法律作为准据法适用的可能性。

2. 仲裁员开放名册制度

国际投资争端纠纷双方当事人将案件提交仲裁机构之后，除了要选定适用的仲裁规则，还需要选定相应的仲裁员，许多国际知名的仲裁机构及其仲裁规则都对仲裁员的国际化与专业化有所要求。以新加坡国际仲裁中心为例，该中心设有专门的仲裁员库，库内成员包括世界各行各业的许多知名人士，争端双方当事人还可以在该仲裁员库之外选择适宜的仲裁员，这极大地体现了在仲裁中当事人的"意思自治"原则。又如，在哈萨克斯坦国际仲裁中心提供的仲裁员备选库中，有20余个国家的专业人士可供争端双方当事人选择。可以说，仲裁员是否国际化、专业化在很大程度上体现了一个仲裁机构的国际性与专业性，也将影响该仲裁机构在国际仲裁服务市场上的竞争力。因此，为了推动我国仲裁的国际化，我国很有必要通过仲裁员开放名册制度来开放仲裁员的来源，并且积极引进国际人才与专业人士，从而积极推动我国仲裁走向国际化和专业化，力争在国际仲裁实践中发出“中国之声”。

（二）打造国际化仲裁员队伍

在国际仲裁界有这样一句经典名言，“仲裁的好坏取决于仲裁员”，由此可以看出，争端纠纷双方当事人对于一个好的仲裁员的期望。正如上文所提及的，仲裁员的国际化、专业化程度将在很大程度上体现一个仲裁机构的国际性与专业性，也将影响该仲裁机构在国际仲裁服务市场上的竞争力。很多当事人在选择某个仲裁机构组成仲裁庭对他们之间的争议进行审理时，很大程度上是出于对仲裁庭的组成仲裁员的信任。一支高水平的国际化仲裁员队伍必然会是一个仲裁机构响亮的金字招牌。

鉴于中国仲裁行业国际化的需求，同时考虑到“一带一路”沿线地区国际仲裁服务市场激烈的竞争，中国仲裁机构需要进一步提高自身仲裁员队伍的国际化水平，从而取得“一带一路”沿线区域仲裁服务市场的竞争优势。首先，为了提高仲裁员队伍的国际化水平，我国应当适时增加外籍仲裁员的比例。因为在“一带一路”沿线发生的国际投资争端纠纷案件复杂，必然会产生不同的法律问题，同时需要适用不同国家的法律作为准据法，这就对仲裁员的专业能力提出了较高的要求。对于每个国家的法律，当然还是其国内的仲裁员最为熟悉，因此，增加来自不同国家的专业人士作为仲裁员，可在很大程度上提高国际仲裁的效率，也能充分地保证仲裁的公正性。其次，在引进外籍仲裁员的同时，我国还应当注重本土仲裁员专业能力的培养，让我国的仲裁员走向国际，从而形成一支国际化的本土仲裁员队伍，在参与国际事务、参与国际仲裁案件审理的过程中精益求精，不断进步，为中国仲裁的国际化作出贡献。

（三）深化国际交流与合作

在推进我国仲裁国际化的发展进程中，除了需要不断地从国内角度夯实基础，还应当积极参与国际交流与合作，不断深化中国仲裁的国际化。首先，与国际上许多知名的仲裁机构相比，我们国内的仲裁机构起步较晚，在总体的服务水平上仍然存在一定的差距，仲裁机构国际知名度及受理案件的质量也存在较大差距，所以在整个国际仲裁服务市场上缺乏一定的话语权。因此，我国仲裁在推进国际化的过程中，需要正视已有的差距，积极通过国际交流与合作，融入国际仲裁领域，努力向国际知名仲裁机构学习，从而不断提升自身的水平。其次，近年来，不同国家、不同法系、不同仲裁机构之间的仲裁制度及仲裁实践的差异也在日益缩小。国际商事仲裁在立法上呈现出由各国分散式立法向国际社会统一制定国际公约及法律文件转变的趋势。[①] 这种趋势的产生主要是为了满足日益频繁的国际经贸往来对高效快捷纠纷解决机制的需求。为了及时融入国际仲裁新趋势，我国仲裁必须积极参与国际交流与合作，顺应国际仲裁发展趋势、努力融入世界主流。

在推动我国仲裁国际化、加强国际合作与交流之时，国内仲裁机构应当与国际知名仲裁机构积极建立合作交流机制，加强彼此之间的往来互动。例如，深圳国际仲裁院已经联合非洲共同建设了中非联合仲裁中心深圳中心；同时和世界银行国际争端解决中心、世界贸易组织上诉机构、联合国贸法会、国际商会仲裁院四大国际组织建立了不同形式和不同程度上的合作关系；在北美设立了首个海外庭审中心，在中国法学会的支持下与上海国际经济贸易仲裁委员会等仲裁机构共同扩大了中非联合仲裁中心的合作面。[②] 与此同时，国际经济贸易仲裁委员会也积极参与全球仲裁事务，曾应邀作为非政府组织观察员参加联合国贸易法委员会会议，深度参与国际规则的制定，不断为国际仲裁的健康发展贡献“中国智慧”。这些交流与合作的模式都值得中国仲裁机构推广与学习。

---

① 曹培忠，周艳波，范士卫．论“入世”条件下中国仲裁制度的国际化［J］．浙江海洋学院学报（人文科学版），2004（1）．

② 佚名．建设国际仲裁高地打造一流营商环境——深圳两家仲裁机构合并的台前幕后［N］．法制日报，2018-01-01．

（四）重视开拓国际案源

随着“一带一路”倡议的不断深化，沿线区域的经贸往来愈加频繁，仲裁作为服务贸易的一种类型，不应当局限于某一个国家，而应当属于全球竞争的一个市场。2016 年，斯德哥尔摩商会仲裁院的案件当事人来源于 44 个国家和地区，国际商会仲裁院则达到 137 个国家和地区。[①] 国际知名仲裁机构的一个重要特征就在于它的国际公信力，中国仲裁想要实现更进一步的国际化，就应当提升国内仲裁机构的国际公信力。体现国际公信力的一个重要指标就是当事人来源分布的广泛性。因此，中国仲裁在国际化的发展道路上，应当格外重视海外仲裁服务市场的开辟，积极拓展国际仲裁案源，在与世界知名仲裁机构的良性竞争中，不断提升自身的专业化能力，并不断地打造专属的品牌知名度。随着中国企业“走出去”规模的不断扩大，建设国际仲裁的中国高地和中国主场是中国仲裁的时代使命。

为了打破地理区域的束缚，许多国际知名仲裁机构通常会在海外设立机构实体，从而更好地服务来自世界范围的客户。例如，国际商会仲裁院总部在巴黎，伦敦国际仲裁院总部在伦敦，斯德哥尔摩仲裁院总部在瑞典，但是随着“一带一路”沿线区域的迅速发展，这些国际知名仲裁机构纷纷将目光投向了“一带一路”沿线区域，在沿线国家纷纷设立代表处或办公室，以便更好地推广自己的仲裁服务，吸引在“一带一路”沿线区域进行投融资活动的当事人选择它们进行仲裁。因此，在中国仲裁国际化发展的道路上，我国的仲裁机构要审时度势、合理评估，充分结合自身的优势与发展需求，在“一带一路”沿线区域，乃至全球经济发达地区增设相应的海外办事机构，从而加强自身在国际仲裁服务市场的宣传工作，积极开展国际业务。特别是在“一带一路”不断深化的进程中，为更好地把握“一带一路”倡议所带来的良好发展机遇，要抓住重点进行布局，主要在“一带一路” 沿线的东南亚地区、西亚北非地区及西欧地区设立海外办事机构， 将它们作为我国仲裁行业推进国际化建设的“桥头堡”。[②]

---

① 佚名 . 建设国际仲裁高地打造一流营商环境——深圳两家仲裁机构合并的台前幕后［N］. 法制日报，2018-01-01.

② 郭玉军，付鹏远 . 当代中国仲裁的国际化发展：现状、挑战与应对［J］. 武汉仲裁（第一辑），2018（12）.

除设立海外办事机构之外，国际展会和国际会议也是宣传和推广中国仲裁的重要平台。中国国际进口博览会、2020年环太平洋律师协会第30届年会等重要的重大国际会议，都是中国仲裁机构推进国际化的重要舞台。我国仲裁机构及仲裁员应当把握时机，在各大国际会议上积极展示“积极、专业、权威”的机构形象及国际化、专业化的卓越能力，取得外国潜在客户的了解和信任，拓宽自身的案件来源。

与此同时，为推进我国仲裁的国际化，我国仲裁机构还可以采取以下措施进一步开辟国际案源，从而形成专属的专业形象和品牌效应：第一，加强与“走出去”企业的互动交流，为赴海外投融资企业提供跟踪服务及延伸服务，并进一步形成常态化的调研和走访机制，从而培养“案源基地”。第二，持续加强与中国区域内外资企业及其相应行业协会的工作联系，积极扩展和夯实与境外商会和行业协会的合作关系，同时将发展的重心向欧盟、东盟和中亚等“一带一路”沿线国家和地区偏移。第三，抓住“一带一路”倡议深化的重要发展机遇，时刻关注外商投资过程中的热点问题，依托我国知名高校和科研机构加强国际仲裁理论研究，形成较为成熟的理论体系。第四，我国仲裁机构应当加强与知名涉外律师事务所的合作，学习并借鉴其开拓国际市场的经验。第五，我国仲裁机构要充分利用互联网等新媒体平台，积极宣传和推广中国仲裁服务业，重视打造宣传我国仲裁机构的新阵地和新平台。

四、结语

在“一带一路”大背景下，中国仲裁的国际化之路道阻且长，但也迫在眉睫。在借鉴国际知名仲裁机构制度经验的同时，积极培养和打造国际化、专业化的仲裁员队伍，夯实基础，从而积极面对更大的挑战。深化国际交流与合作的同时，抓住每一个重要国际会议举办的契机，展示我国仲裁的国际化风貌，从而吸引更多的争端当事人选择中国的仲裁机构，选择中国作为仲裁地等。数管齐下的方式，才能推进中国仲裁的国际化，中国仲裁制度的完善和发展，同时也能积极扩大中国仲裁在国际仲裁服务市场中的影响力，增加中国仲裁在国际仲裁领域的话语权。

加入国际律师组织　融入全球法治文明

李志强

作为一名从业近30年的执业律师，深感律师在“一带一路”倡议和构建人类命运共同体的法治实践的新时代又迎来了一个历史性的发展机遇。

一、政策红利接二连三

2016年5月，中央全面深化改革领导小组第二十四次会议审议通过了《关于发展涉外法律服务业的意见》，明确提出深化法律服务业对外合作，参与有关国际组织业务交流活动，开展与“一带一路”沿线国家法律服务领域的互惠开放。

2017年5月，司法部、外交部、商务部等联合印发了《关于发展涉外法律服务业的意见》，对发展涉外法律服务业作出全面部署。

在中国律师业的发祥地和我国最大的城市，2018年6月14日，上海市司法局等8个委办联合印发《上海市发展涉外法律服务业实施意见》（沪司法〔2018〕80号），指出到2020年，要全面打响符合上海实际、体现上海特色的涉外法律服务品牌，充分发挥涉外法律服务在法治长三角建设中的积极作用，形成与上海改革发展建设相匹配的涉外法律服务业新格局。

2019年1月，上海出台《上海市法律服务“一带一路”建设行动方案》，指出要大力支持以“环太平洋律师协会年会”等为代表的境内外律师交流平台，促进境内外律师通过相应的平台加强交流，进一步拓宽中国律师在涉外法律服务上的交流渠道，积极鼓励上海律师参与国际组织治理活动，提升治理能力，树立中国律师的国际形象。

2019年7月，中共中央办公厅和国务院办公厅印发《关于加快推进公共法律服务体系建设的意见》，明确指出要积极为国家重大经贸活动和全方位对外开放提供法律服务，加强与“一带一路”国家法律事务的交流与合作。

二、国际交往与时俱进

2002年5月，中华全国律师协会在环太平洋律师协会（以下简称环太律协)香港年会上正式加入该组织,开启了中国律师行业与环太律协交融的序幕。2007年4月20日至23日，第17届环太律协北京年会取得巨大成功。这是国际三大律师组织之一首次来华举办年度盛会。翻出当年北京年会的精美开幕式请柬和图文并茂的会议手册，回眸12年前一场场精彩纷呈的主旨演讲和论坛致辞，回味帝都的名厨佳肴和直抵人心的国粹演艺，不禁令人感叹会议组织者的匠心独运和别出心裁。

12年岁月荏苒，中国律师业蓬勃发展的脚步和中外法治文明交流互鉴的步伐没有停歇。历史惊人的巧合，同一时间，2020年4月20日至23日，43万中国律师又将在上海的主场迎来环太律协“三十而立”的年度盛会。

三、加入环太律协四大利好

积极加入环太律协等国际律师组织，加强与世界其他国家与地区的律师交流，不断提升自我，是我国律师特别是中青年律师扩宽国际视野、提升业务水准、扩大国际朋友圈的一条捷径。四大利好不容错过。

（一）拓宽自身的国际化视野

加入国际律师组织后，可以利用该组织的平台优势，与不同国家和地区的律师进行深入沟通，不断了解各个国家和地区的法律框架、法律文化，培养国际化思维，提高不同司法管辖区法律的认知度。同时，还可以对自己所从事的专业领域进行更深层次的国际化比较研究和考察，清晰且明确地了解该专业领域目前的国际发展态势，结交该专业领域的顶级专家。环太律协会员每年可以免费获取 4 期精美会刊，分享各国律师精湛的服务技艺；会员也可以撰文介绍中国前沿法律和律师实务，会员更可以参与每年十多个环太平洋地区的专业论坛和一年一度的年度盛会。

我们耳熟能详的中国大律师高宗泽、王俊峰、张宏久、宁宣凤、钱奕、陈子若、姜俊禄、王正志、宋迪煌、史欣悦、张海晓、黄宁宁等都是环太律协的中国名片，这些法律大咖或在环太论坛发表精彩演讲，或积极推动国际组织治理，或传播中国法律文化，或弘扬中国法治精神，在环太律协留下了令人赞叹的中国印记。

（二）参与“一带一路”合作共事

“一带一路”倡议提出 6 年来，一大批中国企业和中国律师“走出去”，参与全球经济贸易科技合作。由于各国和地区法律制度的差异，迫切需要中外律师携手合作，构建法律服务共同体。依托国际律师组织的平台资源，我国律师可以就其从事的特定领域与境外律师进行业务合作。事实证明，合作共赢是法律服务进入全球化时代的必然选择。当今世界，法律服务呈现出服务对象的全球化、服务内容的全球化及服务水准的全球化趋势，任何事务所不可能通吃天下，中外律师交流合作可以把蛋糕做大，实现多赢。通过国际律师组织，与相关专业领域的同行进行切磋交流，无疑在上述三个维度都能极快地实现己方资源与他方资源的高效对接，提高法律服务资源在不同国家和地区间的快速流动，这不仅对于律师，对于一个国家的法律服务市场来说也是一件大有裨益的事情。

（三）助力优质高效服务中国企业

加入国际律师组织，可以通过借力各方面优质资源，打通境内外法律服务的基础设施，铺设中外法律合作桥梁，为中国企业参与“一带一路”建设提供精准、高效、优质的法律研究和法律服务，为我国经济可持续发展提供“中国动力”。

（四）助推中外法治文明交流互鉴

随着我国国际地位的逐步提升和依法治国方略的不断推进，近年来中国律师在国际律师组织中的影响力逐年增强，但与我国综合经济实力和律师大国地位相比，还有很大的提升空间。国际律师组织是国际间的法律交流平台，对其更深地参与及借鉴，能够使我国的法治理念与法律文化更广泛地在世界范围传播，提高二者的影响力和传播力。最终，有党和国家作为坚强后盾，中国律师可以在国际法律市场中从“影响”变为“主导”，为推动国际法律合作、构建人类命运共同体提供中国智慧和中国方案。

环太律协于 1991 年在日本东京成立，其成员多为居住在亚太地区或对亚太地区有着浓厚兴趣的从事国际商事业务的执业律师。即将于 2020 年 4 月 20 日至 23 日在上海国际会议中心举办的第 30 届环太律协年会是环太律协第二次来华举办的年度盛会，也是上海 1843 年开埠以来首次举办国际主要律师组织的年会，70 多个国家和地区的商业律师将聚焦世界经济贸易规则变革中的法律问题和新时代法律行业的机遇和挑战，探讨“一带一路”倡议下中外律师合作并交流国际投资贸易争议解决路径。年会的举办必将为我国律师提供一个极为难得的国际交流与合作平台，这是总结律师制度恢复重建 40 周年成果和展现全面依法治国辉煌成就的大好时机。

法治文明因交流而多彩，因互鉴而丰富。让我们通力合作，走深走实，在主场展现中国律师风采，在家门口喜迎八方客、笑纳四海人，相约 2020 年，相聚黄浦江畔，相会魅力魔都！

瑞典投融资法律研究篇

中国企业在瑞典仲裁的法律实务

李　虎

“一带一路”倡议对中国仲裁意味着什么？意味着中国仲裁的挑战大于机遇，对国际仲裁而言，机遇大于挑战，我们的首要任务在于促成中国仲裁的国际化。在第二届“一带一路”高峰国际合作论坛上，中国贸促会、中国国际商会联合新加坡、马来西亚等30多个国家的工商组织和法律服务机构，共同发起成立国际商事争端预防与解决组织。这一组织属于国际非政府组织，它与国际商会、国际仲裁院的性质一致，秉持“三共原则”，联合各国在中国注册成立国际非政府组织的目的在于妥善化解“一带一路”商事纠纷带来的压力和挑战。

如果中国企业在瑞典进行投融资、贸易过程中产生纠纷，选择在瑞典仲裁，那么瑞典仲裁的实际情况如何？具体包括以下四个方面。

一、瑞典的仲裁机构

瑞典有三个知名仲裁机构，最出名的是斯德哥尔摩商会仲裁院。斯德哥尔摩商会仲裁院成立于1917年，2017年是该仲裁院成立100周年。斯德哥尔摩商会仲裁院是斯德哥尔摩商会下属的，但是它独立解决争议，不受斯德哥尔摩商会的干涉，与国际上仲裁机构的设立模式一脉相承。国际上的仲裁机构一般附设在较大的商会组织下面，是为商界服务的，所以它是斯德哥尔摩商会的一部分。

斯德哥尔摩商会仲裁院在20世纪70年代，被联合国确认是解决中西方争议的中立地点，与瑞典在两次世界大战中保持中立是有关系的。而中国的企业历史上也对瑞典情有独钟，在20世纪90年代及21世纪初，经过测算，中国每年都有8件左右的案件选择在斯德哥尔摩商会仲裁院进行仲裁。但是近年来，斯德哥尔摩商会仲裁院受理中国案件数量持续走低，取而代之的是国际商会国际仲裁院、新加坡国际仲裁中心和香港国际仲裁中心。斯德哥尔摩商会仲裁院平均每年的受案数量在200件左右，当事人来自世界上的30~40个国家。在国际投资仲裁领域，《华盛顿公约》下的投资争端国际解决中心是一个国际非政府机构，目前它解决的国际投资争端案件已达700多件。而紧随其后的就是斯德哥尔摩商会仲裁院，平均每年受理8件，2018年受理6件，至今已经达到102件了，是仅次于投资争端国际解决中心的解决国际投资条约仲裁案件数量最多的仲裁机构。排在第三位的是PCA（海牙国际仲裁院），然后是国际商会国际仲裁院，但是海牙国际仲裁院受理国际条约投资案件仅70余件，国际商会国际仲裁院受理国际条约投资案件的数量根据已披露的数据存在两种说法，一种是五六件，另一种是30余件，但是这种统计方式却把国有企业作为争端一方。

斯德哥尔摩商会仲裁院作为瑞典的仲裁机构，能够成为受理国际投资条约仲裁案件数量排名第二的仲裁机构，实属了不起。中国企业赴海外投融资过程，与投资东道国之间发生的投资争议的解决，是选择ICSID，还是选择斯德哥尔摩商会仲裁院，抑或选择中国建立的投资仲裁机制，是一个很重要的问题。

斯德哥尔摩商会仲裁院理事会下设秘书处，理事会作为决策机构，秘书处作为执行机构。秘书处现在仅有9人，分3个处室，一个处室一个法律顾问。理事会成员有1个主席，3个副主席，最多不超过12个委员，总共是16人，目前是15人。理事会的理事中有一半以上是国际的理事，由此可见，其管理层国际化程度之高。而且理事会的理事决策机构在具体案件中能够发挥重大作用。

二、瑞典仲裁机构的国际化

斯德哥尔摩商会仲裁院自行披露的数据显示，2018年它受理的案件是152

件，其中有76件属于国际仲裁案件。中国国际经济贸易仲裁委员会（以下简称中国贸仲委）2018年受理了2962个案件，其中有522个是涉外案件。前者的国际仲裁案件和国内案件的比例为5∶5，而后者受理的案件中国际仲裁案件仅占1/6。在斯德哥尔摩商会仲裁院受理的仲裁案件中，有87个案件适用普通程序，有52个案件适用快速程序。而中国贸仲委受理的案件中，67%的案件适用简易程序，独任仲裁员审理。考察当事人的国别，斯德哥尔摩商会仲裁院受理的152个案件中，当事人分别来自43个国家，排前三位的分别是俄罗斯、德国和乌克兰，只有一个案件涉及中方当事人。中国贸仲委受理的2962个案件中，涉外案件的当事人涉及60个国家和地区。考察争议类型，服务贸易、货物贸易、商业收购和股权转让是152个案件涉及的经济类型。而中国贸仲委受理的案件中排名前五位的是国际货物买卖、金融、股权转让、服务贸易和建筑等。争议类型与每个仲裁机构所处的环境和发展是密不可分的，所以中国企业投融资的时候也要看东道国需要什么、我们要做什么。在仲裁案件中，解决实体争议的法律可以由双方当事人约定选择。在斯德哥尔摩商会仲裁院152个案件中，当事人约定选择瑞典法的有83个案件，除此之外的一小半案件，当事人选择外国法律。英国法是当事人仅次于瑞典法之后的选择，联合国国际货物销售合同公约是第三选择，其次是德国法、挪威法、波兰法、国际公法、俄罗斯法、丹麦法、荷兰法、乌克兰法、芬兰法、爱沙尼亚法。中国贸仲委的522件涉外案件中，当事人约定实体法非中国法的只有两件，一个是英国法，另一个是乌兹别克斯坦法，由此可见，其案件的国际化程度还是非常高的。再看案件争议金额，双方差距较大，斯德哥尔摩商会仲裁院2018年152个案件涉及争议金额是133亿欧元，中国贸仲委2018年2962个案件涉及争议金额是1000亿元人民币，相当于100亿欧元，可见它们的案件都是争议金额巨大的案件。再看国际仲裁案件中当事人约定使用的程序语言，在斯德哥尔摩商会仲裁院受理的案件中，有75个案件约定使用瑞典语，剩下的案件都是英语、俄语、德语、芬兰语和挪威语。中国贸仲委2018年2962个案件，522个涉外案件中，只有79个案件当事人约定仲裁程序使用英语或者中文、英语进行，有1个案件当事人约定使用德语。再看仲裁地，当事人约定的仲裁地既可以是仲裁机构所在地，也可以在本国的其他地方，还可以在外国。2018年斯德哥尔摩商会仲裁院受理的案件中，仲裁地不在瑞典的情形不多，仅有两个，一个在哥本哈根，另一个在德国的柏林。而同年中国贸仲委受理的仲裁案件中，约定仲裁地在内地以外的国家和地区，除了中国香港，没有其他。关于紧急仲裁员，斯德哥尔摩商会仲裁院2018年有4个案件提出，但是中国贸仲委没有这个规定，这与财产保全、证据保全由法院来做是有极大关系的。我们再看看仲裁员的情形，2018年斯德哥尔摩商会仲裁院受理的案件中，仲裁员得以指定的以欧洲人居多，共有210个欧洲仲裁员人次得以指定，其中亚洲仲裁员指定有5名、北美有5名、澳大利亚有3名。中国贸仲委2018年有59名外籍仲裁员参与了58个案件的审理。需要指出的是，按照斯德哥尔摩商会仲裁院的仲裁规则，仲裁案件中的首席仲裁员的国籍应当不同于当事人双方的国籍。最后一个统计，瑞典非常注重女性的社会地位，斯德哥尔摩商会仲裁院2018年指定的225名仲裁员中，有27%是女性。其中，机构指定的仲裁员中有29%是女性，当事人指定的仲裁员中有24%是女性，双方当事人共同指定的首席仲裁员有56%是女性，这也是瑞典向外展示社会公平的一方面。根据上述对比，不难发现瑞典的仲裁机构国际化程度相对较高。

三、仲裁规则

如果选择瑞典斯德哥尔摩商会仲裁院仲裁，没有约定仲裁规则，就意味着要适用斯德哥尔摩商会仲裁院的仲裁规则。应当注意以下两个方面：

第一，瑞典仲裁机构在仲裁中的角色，根据斯德哥尔摩商会仲裁院仲裁规则第一条，斯德哥尔摩商会仲裁院本身不解决争议，它为争议解决提供管理服务，这是一个非常重要的方面，也是国内对仲裁机构职能定位有误解的方面，也是在实务操作过程中困扰仲裁机构的重要方面。与国际仲裁相比，中国仲裁机构过于机构化，机构承担的事情太多，通过仲裁规则的规定把许多应当由仲裁庭行使的职能、由当事人行使的权利赋予机构，这也是中国仲裁机构不够国际化的一个重要体现。瑞典的仲裁规则把仲裁机构的职能规定得十分有限，在仲裁庭组成之前，由秘书处负责管理程序，一旦仲裁庭组成之后，案件就完全移交仲裁庭，程序和实体都由仲裁庭进行。案件在首席仲裁员的督导下进行，所有函件均由首席仲裁员签字发出，即使最终的裁决书也仅有 3 位仲裁员签字发出，无须加盖仲裁机构的印章，只要将一份交由仲裁机构备案即可。

第二，我们一定要转换理念，因为在中国进行的仲裁，在受理案件之后仲裁机构会指定一个经办秘书来负责这个案件，称为案件经办人。瑞典仲裁称为案件管理人，案件管理人和仲裁庭的秘书是两个不同的概念。案件管理人仅在仲裁庭组成之前对案件行使管理人职责，在仲裁庭组成之后几乎不发挥任何作用。如果仲裁庭需要，可以另行聘任秘书，但是应当向机构报告，同时征求双方当事人的意见。仲裁庭在聘任秘书之后，可以将一些程序性事项交由秘书处理，但是仲裁规则明确规定，仲裁庭不能把实体裁决的权力授予秘书。而在中国仲裁，案件经办人在仲裁庭组成之后，似乎变成仲裁庭的秘书，它将两者的角色归为一体。这在国际上较为忌讳，直接导致外方当事人质疑仲裁庭的独立性。仲裁规则明确要求，仲裁员在被指定之后，必须有一个声明，保证有时间办理相应案件，从而提高效率。同时，仲裁规则强调，仲裁庭组成之后，应当及时召开会议，对相应程序进行安排。另外，斯德哥尔摩商会仲裁院仲裁规则下的简易程序不同于国内的简易程序。国内的简易程序指的是答辩、反请求、指定仲裁员、仲裁期限相对缩短，是浓缩了的仲裁程序。瑞典的简易程序是指它可以就某一个事实或法律问题采取简易的方式进行处理，不是浓缩了的完整的程序。需要指出的是和解裁决。中国仲裁有一个特点，仲裁与调解相结合，在仲裁程序中，仲裁员可以做调解员对案件进行调解，瑞典仲裁机构不接受仲裁与调解相结合的程序，仲裁员不得同时担任调解员。

四、《瑞典仲裁法》的变化

修订后的《瑞典仲裁法》自 2019 年 3 月 1 日生效，修订仲裁法的目的是进一步提高效率，便于当事人援引，同时增加瑞典仲裁的吸引力，保持瑞典仲裁机构作为国际争议解决机构的地位。修改内容主要有以下四个方面：

第一，实体适用法的选择。这次修改法律时明确规定，如果就案件的实体法，当事人有约定的从其约定，当事人没有约定的，明确授权仲裁庭合意决定案件的实体法。

第二，申请撤销裁决的理由。原来的仲裁法没有明确这一问题，现在明确规定，如果仲裁庭超越仲裁权力的范围越权裁决，也只能在越权行为对裁决结果有明显影响时，才能以此为由撤销裁决。

第三，撤销裁决的时限。进一步缩短时限，收到裁决之日起两个月之内，可提起撤销裁决，而且申请撤销裁决时可以直接用英语提出，不用翻译成瑞典语。

第四，上诉许可。在瑞典，裁决作出之后，无论是申请撤销裁决还是不予执行裁决，都要去斯德哥尔摩上诉法院申请办理，全国只有一个法院办理裁决的撤销和不予执行。上诉法院在作出裁定后，如果对撤销裁决和不予执行的裁定不满，想上诉到瑞典最高法院，必须要获得上诉法院的上诉许可，这也是一个提高效率的措施。

需要指出的是，中国企业前往瑞典进行投融资活动，一定要把商务合同定得非常清晰，把风险防护做得非常完善，一旦出现争议，要选择在瑞典仲裁，因为瑞典仲裁相对而言更加国际化。同时，根据新修订的《瑞典仲裁法》，在商务合同中一定要约定解决实体问题的实体适用法律，否则，由仲裁庭合意决定的话，将很有可能是英国法、瑞典法之类的外国法，中国法律的适用概率将会极低。瑞典法律属于大陆法系，但是仲裁案件的开庭时间却像英美法系一样历时比较长，主要由仲裁员进行把握。在仲裁案件审理的过程中，证人证言非常重要，任何模棱两可的陈述都是灾难性的。

在国际仲裁案件中，涉及中方当事人的案件，中方当事人聘用的律师不一定仅限于中国律师，往往还是以外国律师为主。在瑞典仲裁的过程中，需要考虑到仲裁法的熟悉程度、瑞典法院的熟悉程度、诉讼程序的熟悉程度，因为在收到撤销裁决和不予执行裁决时，上诉的程序是不可避免的，因此，聘请当地律师是很有必要的。无论是中国律师界，还是中国仲裁行业，在“一带一路”倡议下，都应当加速国际化，培养更多的国际人才，把我国的国际仲裁员、国际律师推向世界。这也是对“一带一路”争端解决的有力支持。

（本文根据中国国际经济贸易仲裁委员会党委书记及副秘书长李虎博士在 2019 年 5 月 10 日举办的中企赴瑞典投融资暨科创板法律研讨会上的演讲整理）

智利投融资法律研究篇

智利投融资概况

俊 杰 白奕晓 罗 炎 佳理律师事务所

一、公司法

智利允许将三种主要类型的法律实体用作商业组织形式，所有这些都向其股东或合作伙伴赋予有限责任：有限责任合伙企业（SRL）、股份公司（sociedadesanónimas）和简化股份公司（sociedades por acciones 或 SPA）。

SRL 至少需要两个且最多允许拥有 50 个合伙人。SRL 通常需要一致同意以修改其章程的任何方面、接受新成员或允许现有合伙人转让其权益。合作伙伴可以完全自由地指定公司的管理类型（如董事会或管理员）。

股份公司至少需要两名股东，可以公开持股或封闭持股。上市公司是指已向智利证券交易委员会（SVS）注册的股份公司。注册是自愿的，除非公司拥有 500 名或更多股东，或者至少有 10% 的股本由至少 100 名股东持有。上市公司由 SVS 监督。所有其他公司属于非上市公司范畴，因此除非它们是公开交易债务证券的发行人或特殊监管框架另有要求（如保险公司），否则不受 SVS 监管。

股份公司由股东委任的董事会管理，并向股东保留若干明确的决定。董事会对公司及其事务拥有最广泛的权力。非上市的公司必须拥有至少 3 名董事会成员，上市公司至少 5 名，以及在某些市值和所有权分散门槛下，至少 7 名。股东大会上的股东决议是做出某些公司行为所必需的前提条件，如出售超过 50% 的资产，修改公司章程，合并，转换（即向 SRL 或 SPA 转换）或解散。此外，他们需要在财政年度的前 4 个月（通常设定为日历年）进行投票，以批准公司的年度账目、股息分配及任免董事会。

股份公司通常被禁止收购自己的股票，并且必须分配最低法定股息（净收益的 30%）。股东有法定撤回权，根据该权利，股东可以在某些行动被批准后将其股份出售给公司。

SPA 将公司的最佳属性（股权的可自由转让）与 SRL 的合同灵活性相结合（如 SPA 不需要一致同意修改其章程）。SPA 可以由一个或多个人（个人或法人实体）组成，并允许任何类型的公司协议，少数强制性规则另行规定的除外。

但是，如果 SPA 达到了使公司成为上市公司的股权持有人数量，那么它将自动成为上市公司。

与公司不同，SPA没有法定的优先购买权（除非组织文件另有规定），组织文件可能表明由一个或多个股东直接或间接控制的最低或最高资本百分比或资本金额。法律允许SPA回购他们自己的股权。此外，SPA可能会发行产生固定或可变股息的优先股，也允许使用特定企业或资产产生的优先股息等。

二、外资

有两种机制可以规范智利的外国资本投资及后者的汇回和利润。这两种机制是：《智利中央银行外汇管理汇编》第十四章（以下简称第十四章），以及第 20848 号法律，规定了适用于外国直接投资的制度，适用于截至 2016 年 1 月 21 日进入智利的外国投资，这一法律明确承认 2016 年 1 月 21 日之前外国投资法令 600（以下简称 DL 600）的有效性。

第十四章提供了一个快速且相对免费的公共权力干预系统，用于将外币带入该国。根据第十四章进行的投资必须超过 1 万美元。第十四章规定的程序适用于个人和法人实体，无论其住所或居住地如何。

第十四章涵盖四类外国投资：信贷、存款、投资和出资。每种投资都受到略微不同的监管。应当指出的是，根据当时有效的规定，根据第十四章，投资者可以随时将已执行的投资和由此产生的利润汇回国内，而不受任何金额限制。上述决定必须报告给智利中央银行。除了遵守税收法规和一些报告要求，智利没有法律规定影响资金撤回权，但外汇汇款必须通过正规外汇市场的实体进行。

DL 600 和第 20848 号法律于 2016 年 1 月 21 日生效并建立了新的外国直接投资监管框架，在其第一和第二临时条款中指出，DL 600 中建立的系统对一些外国投资者在以下情况下仍然有效：

一是持有根据 DL 600 与智利国签订有效外商投资合同的外国投资者和接受其出资的公司，应完全遵守这些合同中包含的权利和义务，前提是这些合同在 2016 年 1 月 21 日之前签署。

二是第 2 条、第 3 条、第 7 条（固定税率为 44.45%）和 DL 600 中第 11 条之三也适用于 2016 年 1 月 21 日之后根据条款提交申请并签订的属于 DL 600 法令第 3 条规制范围内的外国投资合同，且该合同对方是代表智利国家的外国投资促进机构。提交此类申请以及执行此类合同最晚只能在 2020 年 1 月 21 日到期前执行。在此日期之后，不得根据本函项下条件申请新的外国投资授权。

出于上述目的，并且在上述特殊情况下，DL 600 为投资者提供与智利签订合同以将外国资本带入该国的机会，从而保证其条款的不变性。DL 600 还具有一定的税收优惠。外国人或居住在国外的外国个人或法人实体可以将外国资本转移到智利。作为一项基本原则，DL 600 规定外国投资者应以与当地投资者相同的方式被对待。因此，禁止歧视外国投资者或这些类型的投资者拥有多数股权或少数股权的公司。这一原则及授予外国投资者的其他保护措施正式反映在智利与外国投资者之间签订的投资合同中。为了保证这一原则的有效性，DL 600 第 9 条和第 10 条规定了一项行政程序，要求取消这种外国投资的所有者和参与其中的公司可能认为具有歧视性的任何法律规定。同样，DL 600 考虑对采矿投资进行特殊处理。

三是第 20848 号法律为智利的外国直接投资建立了一个新的框架，该框架被理解为外国投资者拥有或由外国投资者控制的外国资本或资产的转移。该等转移的金额等于或大于 500 万美元，或等值的其他外币。该框架适用于在海外设立的任何个人或法人实体，其不是在智利居住，也没有智利住所，为了进入这一新系统，需要外商投资促进机构出具证书。

第 20848 号法律包括 DL 600 当时授予的主要权利：[①]

（1）一旦纳税义务履行，有权将外国投资和海外净利润汇回国外；

（2）进入正规的外汇市场，转换构成投资的外币，或获取利润或资本汇出所需的外币；

（3）资本货物进口中的销售和服务免税，因为它们符合某些特殊要求；

（4）有权与国内投资适用共同的法律制度，而不存在任意歧视的空间。

尽管有上述规定，但在 DL 600 中确定的固定税率机制的可能性存在重大差异变化，因为如前所述，第 20848 号法律规定的一般规则是，外国投资者必须遵守适用于国内投资者的共同法律制度，没有歧视的可能性。确保第 20848 号法律规定的税收不变性的唯一选择是要求特别授权继续受到第二个临时条款的保护，该条款允许外国投资者在截至 2016 年 1 月 21 日的 4 年期限内，根据 DL 600 第 3 条的规定与智利签订外国投资协议，但在这种情况下，不变的税率为 44.45%。

如前所述，一旦执行上述协议，它将受 DL 600 第 2 条（允许投资和估价）、第 7 条（税收不变性，适用税率为 44.45%，而不是 42% 的差异）和第 11 条（采矿投资的特殊处理）的管辖，或者适用相同的第 20848 号法律。

反过来，第 20848 号法律提出了几种促进和发展外国投资的机制，其中包括：它赋予共和国总统制定促进和发展外国投资战略的义务。它设立了一个部长委员会，以便就此事向总统提出建议。同样，该法律规定，该等委员会应负责监督和界定外国投资促进机构提出的战略，以及与各政府机构协调以实现这些目标。它以“外国投资委员会”取代了之前“外国投资促进机构”，新机构拥有更明确和更有组织的机构，以促进和发展智利的外国投资。

此外，自1991年10月24日起，智利一直是国际投资争端解决中心（ICSID）的成员。该组织的主要目标是促进国际投资争端的解决和仲裁。此外，智利签署了40多项促进和保护投资条约，旨在为缔约双方的利益创造有利条件，促进更大的经济合作，并为投资者在交易对手方的领土内进行资本转移提供公平合理的条件。

① 第 20848 号法律规定的权利和义务适用于未受 DL 600 第 2 条、第 3 条、第 7 条和第 11 条之三规定的所有内容。

三、金融服务

智利的金融体系庞大、复杂、多样化，并高度融入全球金融体系。智利的大多数金融产品提供给不同类型的客户，如个人或机构投资者。

作为金融部门监管的相关部分，应注意关于第三方基金管理和个人投资组合的第 20712 号法律，也称《基金合并法》，该法于 2014 年 5 月 1 日生效。该法的主要目的是在单一、共同和有序的法律框架中整合和简化规范基金管理的法律，并将基本法规纳入具体投资组合的管理。与基金管理人和投资组合管理人员有关的变化如下：能力和责任标准的提高；更高的透明度和报告要求；所有管理人员的统一监管，无论他们管理何种资金（私人投资基金、共同基金和投资基金）。在基金案例中，该法引入的主要变化涉及：对所有基金进行统一监管，具体取决于其股份是否可以赎回；在投资政策方面具有更大的灵活性，以及在允许基金开展的活动方面具有确定性。

此外，智利金融部门的其他重要成员是保险公司。智利保险市场是拉丁美洲最大和最具竞争力的保险市场之一。

在过去两年中，智利行政法规在基于风险的监管体系的实施范围内，加强了对保险市场的监管，同时不忽视对被保险人的保护。为此，公司治理指南及风险管理和内部控制监管系统已经更新；市场行为准则已经实施，该准则必须包含在保险公司和经纪人的业务管理政策中，以便他们自我评估；再保险管理指南已经实施。

作为另一个相关监管事项，2018 年 1 月，新的保险监管机构成立（金融市场委员会——CMF），取代了前证券和保险监管局并将监管机构的组织治理从单一的个体机构（证券和保险总监）改为合议机构——CMF 理事会（由 5 名成员组成）。2013 年新《保险合同法》和 2018 年 CMF 的生效，使智利保险市场通过本地参与者的兼并和收购及新的外国市场参与者（美国人和欧洲人）的进入而继续扩大，尽管该国仍然普遍存在政治周期的问题。此外，由灾难性事件引起的大额保险索赔继续由保险公司支付，因此他们在智利经济中发挥关键作用。

另外，作为另一个重要的监管里程碑，在 2018 年 10 月 3 日和经过一年半的立法讨论后，智利众议院批准了参议院在第二步作出的修改并发出了使

《一般银行法》所载银行立法现代化的法案。在完成宪法法院的控制后，将由行政人员颁布为共和国法律。

除现代化公司治理及银行监管机构和银行解决机制的权力之外，该计划还根据《巴塞尔协议》的指导方针纳入了新的资本要求和储备。这项新规定涉及的最相关问题包括：将所有院系从银行和金融机构监管局（SBIF）转移到 CMF；对资本要求和风险管理的新要求，从数量和质量的角度增加资本要求，以便与目前银行活动相关的风险保持一致；陷入困境的银行和危机管理的干预机制，包括在陷入破产之前改善处理陷入困境的银行的机制，其主要目标是保护存款人和纳税人、支付系统和金融稳定。

四、反垄断

（一）防止侵权

《智利反托拉斯法》（第 211 号法令）在广义条款下规定，任何阻止、限制或阻碍自由竞争或倾向于产生这种影响的事件、行为或协议均应受到制裁。尽管有上述规定，该法还概述了一些被认为是反对自由竞争的做法，其中包括：

（1）协议或协同做法。涉及竞争对手，如定价、生产限制、分配市场份额或操纵投标，以及授予竞争对手市场力量，操纵商业化条件或取消潜在竞争对手的协议或做法。

（2）滥用支配地位。例如，通过固定销售或购买价格，强制另一种产品的销售、分配或划分市场区域或配额，或施加任何其他类似的滥用。

（3）掠夺性或不公平竞争行为，旨在维持或增加支配地位。

（4）一个人同时参与两个或多个竞争公司的相关行政职位或董事，当他们所属的控股公司的年销售收入超过约 400 万美元。

（5）在必要时提交强制性合并控制通知并且之前违反“停顿义务”交易的批准。

（6）违反了在竞争对手企业中通知少数股权收购（超过总资本的 10%）的义务，前提是收购方或其业务集团和被收购方单独拥有超过 10 万瑞士法郎的年营业额（约 400 万美元）。

（二）合并控制

合并是指通过下列方式之一，使两个或两个以上不属于同一控股者之下且各自独立的经济主体于其任何活动范围内消除其独立性的任何行为或协议或集合。主要形式如下：

（1）合并，无论收购公司、目标公司或由此产生的公司结构如何。

（2）直接或间接获得使收购方有权集体或单独对另一实体的管理产生决定性影响的权益或权利。

（3）以任何形式联合创建一个永久执行其活动的独立经济主体。

（4）获得对另一经济主体资产的控制权。

合并控制及其向国家经济检察官办公室的通知（FNE 的缩写为西班牙语）在如下情况中应是强制性的：出售想要合并的经济主体，以及至少两个单独计算时等于或大于以下阈值的经济主体的出售：

一是当合并的经济主体的总销售额在通知之前的最后 12 个月等于或超过 7400 万美元时（UF1800000）。

二是当至少有两家合并的经济代理商的销售额在通知之前的最后 12 个月约为 1200 万美元时（UF290000）。

为了准确进行上述计算，必须考虑到以下因素：

一是在合并或联合的情况下，必须加入计算合并或联合的经济主体在智利的销售额及各自业务集团的销售额。

二是在直接或间接获得使买方有权对另一实体的管理产生决定性影响的权益或权利的情况下，买方经济集团的销售和被收购公司经济代理的销售必须加入在智利销售正在取得决定性影响的经济主体的计算中。

三是在获得对资产的控制权的情况下，其他经济代理人在智利的收益销售额，收购方各自业务集团的销售额及所收购资产产生的销售额必须全部加入计算中。

一旦合并通知，FNE 可以批准合并；批准合并条件；延长调查期限最长 90 天。在此期限之后，FNE 必须批准或拒绝交易。如果合并被驳回，可以在 10 天内向反托拉斯法院提出上诉。

（三）反托拉斯当局

反托拉斯法院是一个特殊和独立的司法机构，负责阻止、纠正和制裁妨碍自由竞争的做法。它们的裁决可以在最高法院上诉。根据反垄断法院的决定，可以提交投诉申诉。

国家经济检察官办公室：FNE 是一个保护自由竞争的公职。在 FNE 的权力和职责中，有以下几点：一是进行调查，以发现违反自由竞争的行为；二是要求法院行使其权力，并就 FNE 进行的调查制定预防措施；三是在反托拉斯法院和其他司法法院作为一方代表一般经济公共利益。

1. 反垄断制裁

反托拉斯法院可能会施加以下制裁：

（1）修改或终止违反第 211 号法令规定的行为、合同、协议、制度或安排，并命令将涉及侵权的合伙企业、公司或其他私法实体解散为自由竞争。

（2）对财政利益征收罚款，金额相当于违法者在行为发生期间与侵权相关的产品或服务的销售额的 30%，或者使侵权所获得的经济利益增加一倍。如果无法确定销售额和经济利益，法院可以对卡特尔活动征收高达 4900 万美元的罚款。

（3）在卡特尔或一致行动的情况下，禁止雇用国家行政机构或国家、国会、司法机构参与的公司和服务。此外，禁止授予任何公共补助金长达 5 年。

（4）如果违反合并控制中的强制性通知，则从操作生效之日起每延迟一天，进行最多约 16000 美元的罚款。

2. 刑事制裁

当反托拉斯法院谴责一个实体进行卡特尔活动时，FNE 可以向刑事法院的负责人提出刑事指控。

刑事法院可以施加以下制裁：普通监禁，最长期限为 3~10 年；临时禁止担任股份公司，国有企业或行业协会的董事或经理，最长期限为 10 年。

五、基础设施

智利基础设施行业在过去 30 年中实现了持续稳健的增长，并已成为该国经济发展的关键引擎。

目前，智利拥有成熟的基础设施产业，拥有大型国际和跨国公司及主要的区域和本地企业。采矿和能源行业的需求为该行业的公司带来了需求旺盛和繁荣的环境。

不同的基础设施区域由特殊监管手段管理。

公共特许权受《公共工程特许权法案》的管制，该法案规定了客观和以业绩为基础的招标程序。同样，政府采购受《公共采购法》的管制，供应商必须在自由、公正和基于互联网的招标过程中进行竞争。

值得注意的是，有一些重要的国有公司参与市场，并作为私人实体运营，因此与供应商、承包商和第三方的关系一般来说受私法管辖。这些公司可以自由参与私人招标甚至直接谈判，但是，这些公司的招标通常要求在其自己的供应商/承包商登记处或公共登记处（公共工程部的登记处）预先登记和（或）进行资格预审程序。

私人采购和建设项目主要受《智利民法典》《一般建筑和城市规划法》及其相关法规的管制。每个特定行业，如采矿或能源，通常都有特定的要求和适用的法规，通常涉及技术规范和标准、健康和安全、环境、区域划分和其他监管问题。

六、环境

第 19300 号法律奠定了智利环境法律体系的基础和主要原则。它建立了法律和制度框架，规范不同的环境问题，如通过环境影响评估系统（SEIA）评估项目、环境损害的责任、空气和水的质量和排放标准及预防和去污计划。

根据第 19300 号法律，存在以下实体：环境部负责制定政策法规；可持续发展部长理事会负责提议批准新的政策和法规；环境评估处负责环境影响评估；以及环境监督部负责监督环境法规的遵守情况和执行环境法规。

同样，环境法院也是专门用于解决环境争端的专门管辖机关，如审理针对主管机关和环境评估处的裁决提出的索赔，以及追究环境损害责任的索赔。

智利环境法不考虑绝对禁止或禁止开发某些类型的项目或在某些领域开展业务。法律重点关注项目业主评估其环境影响的义务，在建设和运营前获得环境审批，并遵守相应环境审批中制定的环境保护措施。

七、采矿

采矿业受《政治宪法》（PC）、《采矿业法》（COM）和《采矿法》（MC）及其他一般和特别条例的某些规定所管制。《刑法典》规定，国家是所有矿场的所有者，尽管任何个人或实体都可以申请采矿特许权，以勘探和开采矿藏。作为一项宪法权利，PC 还对特许权的财产权给予保护。特许权所有权可以对国家或任何其他第三方强制执行。

采矿特许权由法官以先到先得的方式通过非自由裁量和非常具有竞争性的程序授予。采矿特许权提供了探索（勘探采矿特许权）和（或）利用（开采采矿特许权）指定区域的权利。

勘探特许权有效期为两年，除非在开采前要求延长最多两年，同时放弃半个采矿区。虽然勘探特许权已生效，但其持有人有权要求在同一区域获得开采特许权，提及勘探特许权并附上补充资料。开采特许权是无限期的。

矿的所有权和特许权不同于地面土地的所有权，而地表土地的所有权可能存在义务和限制，以促进采矿勘探和开采活动。在这方面，采矿特许权允许业主占用勘探或开采工程所需的尽可能多的地表土地，在向地面土地拥有人支付适当的损害赔偿后，并通过简易程序向有关民事法院施加地役权（某些例外适用于种植葡萄园和果树的房屋及其附属物和土地）。

2012 年 11 月 11 日，关于关闭采矿场址和设施的第 20551 号法律（2015 年 3 月 14 日修订）生效。这项法律规定，采矿公司（每个矿区的开采能力或矿产效益能力在 1 万 ~50 万吨）有义务根据项目的使用年限，保证关闭费用。该项目的寿命应根据经测量、标明和推断的矿产资源计算，而不像能力超过 50 万吨的项目，其寿命是根据已证实和可能的已证明储量计算出来的。

2017 年 6 月 24 日，矿业部第 104 号法令生效，批准了《关于提供基础地质勘探工作一般信息的条例》。该条例规定，所有进行或已经进行基本地质勘探活动的通知实体（无论是自然人还是法人）必须提供国家地质和采矿局（Sernageomin）要求的从其工作中获得的一般信息，后者将审查、处理和传播这些资料。

Sernageomin 拥有监督该法规遵守情况的专有权，其违规行为可能会被处以最高 100 个年度税单位（ATU）（约 86000 美元）的罚款。这项新法规是 CM 的一部分，有助于所有公民获取公司和个人产生的自然资源信息。需要指出的是，法规中定义的基本地质信息是指地表样本、勘探钻探、地质图、地球物理和地球化学调查、矿物学调查和卫星图像。

八、能源

智利电力市场分为三个独立的活动：电力的生成、输电和配电。这些活动由私营公司开发，而国家则在规划、监管和监督市场方面发挥辅助作用。

智利历史上一直非常依赖能源进口，因为其传统的化石资源很少，多年来一直是智利一代基质的主要核心。

最近，通过促进智利境内存在的大量非传统可再生能源（NCRE）的发展，这种情况发生了变化：地热（智利位于所谓的“火环”上，拥有惊人数量的世界 10% 的活火山），太阳能（阿塔卡马沙漠每平方米的日照量达到 9.28 千瓦时，是世界上日照量最高的沙漠之一），小型水电站和生物质。

从历史来看，缺乏政策激励措施已经减缓了能源部门的发展，这种情况在过去 10 年中发生了变化，对电力部门的监管框架进行了若干修订，其中包括：2008 年，第 20257 号法律（NCRE 法）修改了 1982 年的电力法，引入了 NCRE 的能源生产激励措施； 2012 年，第 20571 号法律规定了住宅发电机的电费支付（净账单）；2013 年，第 20698 号法律通过 NCRE 扩展了能源矩阵；2013 年，第 20701 号法律简化并审查了授予电力特许权的程序；2014 年，第 20276 号法律修改了电法，以促进独立电力系统的互连；2015 年，第 20805 号法律改进了受监管客户的电力公开招标制度；2016 年，第 20936 号法律建立了一个新的电力传输系统，并为国家电力系统建立了一个独立的协调机构。

上述修改使智利的能源矩阵发生了重大变化，促进了可再生能源的整合，这种能源推动了竞争市场的发展，以及新的发展和投资机会，如将大量客户纳入高质量的免费客户中，允许他们直接谈判其供电合同。这一变化使智利能够最大限度地利用智利 2689 英里的地理多样性，创造了极少数国家能与之匹敌的潜力。

九、知识产权

在智利，知识产权可以通过商标、专利、商业秘密、域名和版权得到保护。

商标保护可以扩展到产品、服务和商业或工业机构，它可以由一个词和一个标签、一个口号或一个声音组成。对商标的注册、维护或重新更新并不要求实际使用。

一个顺利的注册过程需要 6~8 个月。被授予的商标有效期为 10 年，然后可以无限期地延续，每次延续 10 年。

专利保护可适用于产品或程序，有效期为 20 年。一个顺利的注册过程大约需要 4 年。智利自 2009 年 3 月以来一直是《专利合作条约》的成员。

文学、科学和艺术领域的创造性作品（书籍、科学论文、电影、照片、音乐、建筑作品和软件）的作者享有版权保护。一般而言，这种保护可持续作者一生，并在作者死亡后延续 70 年。

版权保护在创建作品时被授予，并且登记不是强制性的。然而，登记对于对抗第三方是有用的。

域名可由当地和外国公司和个人直接注册。如果没有反对意见，则立即批准登记，并可要求至少持续 1 年有效。一旦获得批准，域名可以无限期地续订，最长期限可达 10 年。

十、数据保护

智利个人数据的处理主要受 1999 年《政府公报》公布的关于保护私人生活的第 19628 号法律的管制。

个人数据和数据处理的法律定义授予第 19628 号法律广泛的适用范围。在这方面，个人数据被定义为“与任何有关已识别或可识别个人的信息有关”。另外，个人数据的处理包括允许以任何方式使用个人数据的任何操作或操作组合。

《行政程序法》第 4 条规定了处理个人数据的一般原则，根据这一原则，数据库控制器只有在法律或数据主体授权的情况下才允许处理个人数据。对数据主体的授权必须是书面和明确的，主体必须被告知数据处理的目的和向第三方披露此类信息的可能性。

获得数据主体同意的义务的例外情况很少，不适用于敏感数据的处理。

DPA 授权数据主体有权要求数据控制者：提供有关其数据的信息；在其存储没有法律依据或已过期时，取消或删除其数据；在数据不正确、不准确、有误导或不完整时，对其数据进行修改；当数据的准确性无法确定或其有效性受到怀疑时，对其进行封锁，且注销不适用于该数据。

如果处理由第三方（数据处理器）执行，则数据控制器和数据处理器必须执行建立数据使用条件的书面代理协议。数据处理者必须遵守代理协议的条款，并且在任何情况下，都将受到数据主体的授权的限制。

国际数据传输不受 DPA 的监管。目前，对国外个人数据的传输没有任何限制。因此，只要符合处理个人数据的一般规则，国际数据传输就是有效和合法的。

在任何情况下，任何个人数据传输（国家或国际的）的自动程序都必须保护数据主体的权利，并记录要求方的特性、请求的目的和传输的数据类型。

DPA 规定了具体的制裁措施，这些制裁可能会根据违规行为的类型而有所不同，与其他国家的立法相比，制裁程度较低且可强制执行。

如果数据控制人在两个工作日内未对数据主体的请求作出答复，以要求其行使查阅、修改、取消或阻止的权利，或因国家安全或国家利益以外的任何其他原因而予以拒绝，数据主体将有权向普通民事法院的法官提起法律诉讼，其可对数据控制器处以最多 50 个月税务单位的罚款（约 3749 美元）。

数据主体还可以起诉数据控制者，以补偿他因未经授权处理数据而遭受的物质和精神损害，无论数据控制者是否有消除、修改或阻止数据的依据。

在智利，没有数据保护机构负责 DPA 的整体合规性。透明度委员会要求国家行政机构适当遵守 DPA。此外，由于违反 DPA 可能导致侵犯消费者权利，消费者保护局（SERNAC）在其权力范围内也监督对 DPA 的遵守。

自 2017 年初以来，国会已经讨论了一项法案，如果获得批准，将对 DPA 进行重大修改。其主要修订是：明确规定了规范数据处理、数据主体的新权利及处理个人数据的新的合法依据的原则，但主体同意除外；它设立了一个个人数据保护机构，通过罚款监控和执行违法行为，最高金额比现有罚款高出 100 倍；它首次对某些法律机构进行监管，如国际数据转移、采取安全措施和报告有关安全漏洞的义务的责任，以及采用违规预防模式。

十一、消费者保护

第19496号法律《消费者保护法》（CPA）于1997年颁布，并先后于2004年、2011年和2018年进行了重大修改。

CPA 规定了若干事项，包括消费行为、供应商的义务、消费者的权利和义务、信息和广告规则、产品和服务的竞争性质、产品和服务的安全、产品的一般标识、电子游戏资格标签、金融服务和产品、召回付费、促销和优惠、标准条款协议、违反 CPA 的程序、个人和集体诉讼及对违法行为的罚款。

由 CPA 引起的个人诉讼允许消费者就违法行为提起诉讼，并共同寻求赔偿。国家消费者服务局有权向地方法院提出个人诉讼。此外，基于合议或分散利益的集体诉讼可由 50 名或 50 名以上的消费者、消费者协会或 SERNAC 向民事法院提起。

制裁可包括罚款、物质和精神损害赔偿、召回或更换产品、暂停广告等措施。

SERNAC 是一个公共机构，其主要目的是确保遵守 CPA 并促进消费者的权利。这一使命是通过信息和教育项目、研究及供应商和消费者之间的调解来实现的。然而，SERNAC 无权自行处以罚款，它必须将案件提交法院。

随着 2018 年 9 月发布的最后一次改革，非正式地被称为“加强 SERNAC”的法律引入对 CPA 的一些修改，例如，成立 SERNAC 的新机构来监督、解释及提出法规；罚款金额大幅增加；增加了诉讼时效（从 6 个月到 2 年）；在暂停基本服务的基础上列入直接和自动赔偿；修改集体程序及加强消费者协会等许多其他修改。这项改革的生效将在其公布后的 6~24 个月内以不同程度慢慢推进。

十二、税收

以下是智利税制普遍采用的主要税收。

（一）所得税

1. 概况

居民企业和个人在世界各地的收入都要缴纳所得税，而非居民企业和个人只对其智利来源的收入征税[①]。

智利所得税制度是一种独立的制度，智利公司缴纳的第一类税（公司税）可全部或部分记入业主一级应付的最后所得税（最后税）[②]。

在这一综合制度下，地方实体获得的收入按年度征收企业税，并在归属或实际分配时按所有者一级缴纳最后税，具体取决于适用于智利公司的税金。

2. 税收制度

一般而言，智利公司可能受制于收入归属制度（制度 A）或部分整合的再投资管理制度（制度 B）。

根据制度 A，对智利公司赚取的利润征收 25% 的公司税，这些利润立即归于其所有者，用于缴纳最终税，并对最终税进行全额公司税抵免的计算。受制度 A 约束的智利公司所有者的总税负最高达 35%。

另外，根据制度 B，对智利公司赚取的利润征收 27% 的企业税，并推迟到利润得到有效分配后才缴纳业主一级的最后税。然而，业主只能使用智利公司缴纳的 65% 的公司税作为最后税的抵免[③]。因此，B 制度下的总税负一般最高达 44.45%[④]。

3. 公司税

作为一般规则，企业所得税是以权责发生制为基础，根据完整会计记录确定的应纳税所得额净额计算的。公司的应税净收入等于其总收入减去直接

---

① 在例外情况下，在智利定居或居住的外国人在进入智利后的前三年，只对其智利来源的收入在智利缴纳所得税。在符合条件的情况下，智利税务当局可酌情延长这一期限。

② 最后税是对智利居民的个人所得税，累进税率从 0 到 35% 不等，以及对非智利居民个人或实体的收入征收的预扣税，一般税率为 35%。

③ 后者，除非外国所有者居住在与智利有避免双重征税的税务公约（税务条约）的国家，在这种情况下，公司缴纳的公司税的 100% 可贷记在预扣税项下。在 2021 年 12 月 31 日之前，这一福利还将扩大到居住在智利于 2018 年 12 月 31 日前签署税务条约的国家的所有者，但这种条约尚未生效。后者是由于智利在所有已签署的税务条约中纳入了一项特别条款，根据这些条约，没有一项条约将预扣税的适用范围限于股息，条件是可以对预扣税进行全额征税。纳入这一条款的依据是智利税收制度的综合性质，即适用于股息的有效税率大大低于扣除预扣税的公司税所造成的名义税率。

④ 至于居住在税务条约司法管辖区内的业主，整体税务负担为 35%。

成本和产生该收入所需的费用及法律规定的某些调整。

4. 预扣税

一般情况下，非智利居民、个人或实体所赚取的智利来源收入，在向外国居民纳税人支付或提供所得时，应缴纳预扣税。

智利实体在国外分配利润或支付股息须缴纳 35% 的预扣税，智利实体就同一利润缴纳的公司税，根据智利实体采取的税收制度，可全部或部分抵扣持有税。[①]

此外，智利居民在国外支付的某些款项（利润分配和股息除外）须缴纳预扣税。一般预扣税税率为总付款的 35%，不扣除任何费用。但是，某些收入项目可能会受到较低的税率甚至豁免，例如，向外国银行或金融机构支付的利息（4%），工程或技术工程及专业或技术服务（15% 或 20%），专利、模型、公式和类似付款的特许权使用费和其他付款（15% 或 30%），以及使用标准计算机程序和佣金的费用，这些程序和佣金可以免税。

前款所述扣缴税款，如果收入受益人居住在与智利存在有效税收条约的国家，可以减征或者扣减[②]。

5. 个人所得税

个人所得税适用于智利居民个人赚取的任何来源的收入（来自独立就业关系的收入除外），累进率从0到35%不等，包括在同期赚取的外国来源收入。

6. 工资税

工资税（第二类税）适用于从依赖雇佣关系中获得的月度工资总额，减去社会保障缴款，按 0~35% 的累进税率计算。工资税作为单一税收，只要员工收入的唯一来源是其依赖性雇佣关系即适用。

7. 特定采矿税

特定采矿税或特许权使用费是对采矿企业取得的采矿活动的经营应税收

① 例如，业务年度内发生的损失和结转损失、折旧、利息支出等，只要符合法律规定的可扣减要求。

② 目前，智利与下列国家签订了有效的税务条约：阿根廷、澳大利亚、比利时、巴西、加拿大、中国、哥伦比亚、克罗地亚、捷克共和国、丹麦、厄瓜多尔、西班牙、法国、爱尔兰、意大利、日本、马来西亚、墨西哥、挪威、新西兰、巴拉圭、秘鲁、波兰、葡萄牙、俄罗斯、英国、南非、韩国、瑞典、瑞士和泰国。智利还与美利坚合众国和乌拉圭签署了税务条约，但这些条约尚未生效。

入征收的所得税。该税按累进税率征收，这一税率取决于采矿企业及其关联方的销售总额。

（二）增值税

增值税（VAT）以19%的税率征收，应用于转让位于智利的动产和不动产（不包括土地）及在智利提供或使用的某些类型的服务。

此外，增值税是针对特殊的税务事件征收的，如进口和其他特定服务。出口免征增值税。

对购买商品、使用服务或进口征收的增值税赋予增值税纳税人增值税财政信贷的权利。

当所述纳税人出售符合增值税的商品或服务时，如此收取的增值税成为增值税财政借记，可以用结转的财政信贷抵销。财政借方减去财政信贷之间的正差异构成增值税纳税人应缴纳的增值税。如果财政信贷超过财政借记，则超出部分可以无限期结转。

（三）印花税

印花税主要适用于借款债务的证明文件，包括贷款（国内或跨境）、票据和债券发行。对这些类型的文件进行保理可能需要缴纳印花税。

给予智利借款者的外国信贷，即使没有签发文件，也要缴纳印花税。

印花税税率是0.8%和0.066%乘以到期月份的月数或一个月的部分到期日，两者之中的较小数。对于按需付款的贷款，印花税税率为0.332%。每宗个案所征收的印花税，均以债项的本金为限。

（四）市政许可证

商业投资和工业活动通常需要获得市政许可，税率为0.25%~0.5%（取决于公司所在的市政当局），适用于公司经税收调整后的权益，每年上限约为60万美元。

（五）其他税收

遗产税和捐赠税按累进税率征收，税率从1%~25%不等，根据与死者的熟悉关系，免征遗产税和捐赠税。

房地产须缴纳年度房地产税，按季度分期付款分别在4月、6月、9月和11月缴纳。税率因土地条件而异，以政府对财产的估价为准。

其他税收适用于特定交易、投资或活动（如关税、燃油税、对新车辆进口和颗粒物排放等征收的绿色税）。

（六）一般超限反规避规则

一般性的反规避规则（GAAR）于2015年9月29日生效。GAAR是一种实质重于形式的监管规则，根据这一规则，智利税务机关有权在存在滥用或相似的情况下，对法律形式产生的税收后果进行惩罚。

十三、劳动法

智利的劳动和就业法载于1994年《劳动法》，已经关于工会和集体权利事项的第20940号法律修订。

就业合同是就业双方自愿订立的。但是，智利法律要求雇员合同必须在雇员开始提供服务之日起15日内以书面形式制定。如雇主未能将雇佣合约写成书面形式，则推定雇佣合约的条款及条件是雇员所述的条款及条件。

该法规定了一些最低福利：基本工资、利润分享（支付有关税收年度的利润）和领取可变或部分固定和部分可变报酬的雇员的“全周”福利。除上述福利外，双方还可自由同意其他付款和福利。

在雇佣合同生效期间，雇员不得放弃雇员的权利。一般来说，劳工法院和劳工行政当局（劳工委员会）会保护雇员。

法律明确保护雇员在公司内的基本权利。基本权利与某些宪法权利相对应，如受他人尊重、隐私权和不受歧视的权利，所有这些权利都应得到雇主的尊重。

在智利，社会保障费用部分由雇员承担，部分由雇主承担。

雇员必须承担的是养恤基金缴款、强制性健康保险、重工缴款（部分）和工人失业保险。必须由雇主承担的是事故和职业病保险（工人补偿）、残疾和生存保险、工人失业保险和重工缴款（部分）。公司在法律上有义务从雇员的工资中扣除适当数额的上述缴款，并将其支付给相关的社会保障机构。

在例外情况下，如果外国雇员符合第 18156 号法律或智利执行的有关《社会保障双边条约》的要求，则可免除其支付社会保障金中的养老金。

法律明确规定了终止雇佣合同的理由，因此，雇主只能根据《劳动法》规定的理由终止雇佣合同。这些理由可分为给予雇员获得遣散费的权利的理由（商业必需和依雇主的意愿终止）和不给予遣散费的理由（雇员辞职、双方相互同意和暗示雇员存在过失的理由等）。

智利《宪法》承认雇员组织工会的自由和集体谈判的权利。此外，雇员也受到保护，不受雇主基于工会组织的报复或歧视。第 20940 号法律规定，工会是集体谈判的主要主体（实际上是雇员一方的专属主体），并禁止在罢工期间更换雇员。第 20940 号法律承认公司工会和公司间工会有权通过规定的集体谈判程序与雇主进行（并强制执行）集体谈判。如果是公司间工会，它们只能在雇主一级这样做（除非雇主同意，否则不能强迫与不止一个雇主进行集体谈判）。

法律承认，即使在与用户公司的主要业务有关的事项上，也可以外包或外化服务，还可以通过名为 EST 的特别实体（Empresas de Servicios Transitorios）雇用临时人员。

通过 EST 雇用临时人员仅限于特定情况和有限的时间。EST 是指以前在主管当局登记的单一业务的特殊实体。法律对这两种制度都作了详细的规定。

在人数超过 25 人的公司中，85% 的员工应为智利国民。为了计算这一百分比，除其他专业技术人员外，不应将一些外国人计算在内。为了能够在智利提供服务，外国雇员需要签证，签证的类型将取决于其在智利提供的服务及其任务期限。

巴西投融资法律研究篇

巴西投资经商指南

张　军　DEMAREST 律师事务所

一、商业法规和法律概览

（一）政治架构

巴西是一个联邦共和国，由联邦区、26 个州和 5000 多个市组成。该国首都巴西利亚位于联邦区。巴西的法律秩序是民法制度的一部分，并以联邦、州和市各级相关立法机构颁布的编纂法典和立法为基础。

该国的基本法律是《巴西联邦共和国宪法》（以下简称《联邦宪法》），其中规定了三方面的内容：一是政府制度；二是赋予立法、行政和司法权力；三是联邦、州和市政当局的立法权力。

1990 年，通过实施《国家私有化方案》（以下简称《私有化方案》），巴西政府开始退出以往宪法为其保留的活动范围，希望借此使自由企业能够比政府更有效率地开展其他领域的活动。由于实施了私有化方案，设立了许多监管机构，目的是管理所有被认为对国家经济和人口至关重要的活动，所以，巴西所有监管机构都在管理涉及卫生、农业、粮食供应和库存、电信、能源、石油和天然气、土地、空中和水道运输、采矿、水资源等活动的发展方面发挥关键作用。关于与公共行政部门达成的协议，第 8666/1993 号法律（《招标法》）是规范私人当事方与公共行政部门之间达成的所有协议的主要法律文书，它规定了参与公开招标过程的私营方和公共行政机构必须遵守的一系列原则、程序和要求。

巴西监管制度的另一个重要方面是，任何个人或法律实体如果打算发展商业活动（工业、一般商业和服务业），必须获得一系列注册和合法经营许可证。登记和许可证由联邦、州和市一级的公共行政机构进行审批和颁发。

（二）司法结构

巴西司法系统由巴西《联邦宪法》组织，该宪法将司法结构分为联邦法院和州法院。一般而言，巴西法院对与巴西领土有关的任何诉讼都有管辖权。联邦法院对联邦政府或其任何机构或准政府机构参与或与之有利害关系的任何诉讼以及涉及外国或国际机构的案件拥有专属管辖权，所有劳工和选举法院也属于联邦管辖范围。然而，大部分私人商业诉讼都是在州法院审理的。无论是在联邦法院还是在州法院提起诉讼，当事人都有向上诉法院提出上诉的宪法权利。在国家体系中，每个联邦单位都有自己的上诉法院。

联邦上诉制度由5个巡回上诉法院组成。在下一级，司法机构有两个高级法院，分别称为最高法院（高级法院）和联邦最高法庭（巴西最高法院），均设在巴西利亚。广义地说，前者对州或联邦上诉法院裁决的任何案件都有管辖权，前提是这些法院的裁决违反了联邦法律。后者对宪法问题具有管辖权，如果某司法裁判违反了宪法，联邦最高法庭可以重新审查任何法院作出的裁决。巴西法制属于民法体系，其裁决是以成文法的适用为基础。如果没有具体的法律规定，法院可以根据类推、一般用途和惯例，或通过适用一般法律原则作出决定。一般而言，判例不具约束力，但往往受到下级法院的尊重。

所有民事诉讼规则都是联邦的，适用于全国各地，允许律师在全国范围内执业。民事诉讼程序强调口头证词，并将大部分证据集中在法官手中。巴西赋予法官比大陆法系国家更多的权力来控制诉讼程序和获取证据。因此，巴西不允许调查，例如，律师不能私下收集证词，也不能要求录取，也不能向对方提出问题。此外，巴西的制度允许提出多种上诉，特别是中间上诉，这些上诉可能使诉讼程序拖延很长时间。另外，所有决定都由法官作出。陪审团审判只在对一个人的生命犯下的罪行被允许采用，如一级谋杀和堕胎案件。

（三）仲裁

自 1996 年以来，巴西一直通过具体立法执行国内仲裁决定。然而，直到

2001 年，巴西最高法院才确认规定合同仲裁条款相关问题的巴西法规符合宪法，从而消除了这方面挥之不去的疑虑，但是只允许就可转让权利进行仲裁，这一权利涵盖了大多数商业交易。

外国仲裁裁决也可在巴西强制执行。然而，尽管巴西已经批准了《执行外国仲裁裁决纽约公约》，但外国仲裁裁决仍必须得到巴西最高法院的批准，才能在巴西得到执行。

二、银行业和金融业

（一）经济情况概览

巴西经济十分开放，国际贸易在其中发挥着至关重要的作用。根据世界贸易组织的资料，该国目前被列为世界第三大农产品出口国。在强大的市场参与者的推动下，为了提高投资者的信心，巴西近几年批准了对其法律和监管框架的重大改革。虽然在某些情况下官僚主义仍然是一种约束，但巴西目前已经建立了安全和迅速的外国投资机制以及开放的货币兑换规则。根据巴西中央银行的数据，2015 年外国直接投资达到 750 亿美元。

（二）投资政策

巴西普遍欢迎外国投资，外国投资是发展巴西经济战略部门的重要资本来源。1962 年，巴西颁布了关于外国投资分配和资金海外汇款的主要法规（经修正的第 4131 号法律）。巴西有若干专门促进投资的机构，大多数是政府机构。主要的机构是国家经济和社会发展银行、工业融资机构（农业融资署）、亚马逊发展监管局（ADA）和东北发展监管局。

1. 《联邦宪法》禁止外国资本从事的活动

（1）涉及核能的活动。巴西联邦政府垄断了对放射性矿物及其副产品的勘探、开采、加工、工业化和销售，但在某些情况下，只有涉及放射性同位素的少数例外。这一限制既适用于国内私人投资，也适用于外国私人投资（《联邦宪法》第 21 条第 23 款）。

（2）涉及石油和天然气的活动。巴西联邦政府垄断石油和天然气的天然储量的研究和勘探、石油和天然气的提炼和运输以及石油和天然气副产品的进口和出口。这些限制适用于国内外私人投资，公营或私营公司可以参与上述活动，但它们必须遵守法律规定的条件（《联邦宪法》第 177 条第 1 款、第 2 款、第 3 款和第 4 款）。

（3）保健服务。《联邦宪法》禁止外国公司或外国资本直接或间接参与该国的医疗保健，但法律规定的情况除外（《联邦宪法》第 199 条第 3 款）。2015 年 1 月 19 日第 13097 号联邦法（这是 2014 年 10 月 7 日第 656 号临时措施的结果）授权外国资本投资于某些医疗保健领域。

2. 允许但限制外国投资的部门

（1）报纸、杂志和其他期刊、广播电视网的所有权和管理。至少 70% 的报纸、杂志和其他期刊的总资本和投票权资本必须由巴西居民持有，因此外国投资不得超过 30%（《联邦宪法》第 222 条第 1 款）。

（2）国内航线优惠的航空公司。提供公共航空服务的公司的投票权资本至少 80% 必须由巴西居民持有，因此外国投资不得超过所述投票权资本的 20%（1986 年 11 月 19 日第 7565 号法律第 181 条第 2 款）。

（3）金融机构。外国直接投资于设在巴西的金融机构的资本存量，需要联邦政府通过国际条约或政府利益或互惠事先批准（《联邦宪法》《临时宪法条款法》第 52 条）。

（4）矿物资源。矿物资源的研究和开采，以及水力能源潜力的使用，只有在联邦政府的授权或特许权下，由巴西人或根据巴西法律注册的总部设在巴西的公司进行（《联邦宪法》第 176 条第 1 款）。

（5）农村财产。第 5709/1971 号联邦法律对获准在巴西经营的外国个人和外国公司在巴西拥有农村财产作出限制。巴西总检察长办公室发表了一项意见，其中解释说，这些限制也应适用于由外国人直接或间接控制的巴西公司。该国目前正在就上述意见是否符合《联邦宪法》进行讨论。

（三）国家金融系统

1. 国家货币理事会（CMN）和巴西中央银行（BACEN）

巴西国家金融体系由以下监管和监督机构组成：国家货币理事会（CMN）、巴西中央银行（BACEN）、巴西证券交易委员会（CVM）、私人保险监管局、补充养恤金办公室。

CMN 与 BACEN 和 CVM 联合管理巴西银行业。巴西的金融和货币政策是 CMN 的责任，它监督货币、信贷、预算、财政和公共债务事务。CMN 规定了以下方面的条例：信贷，贷款和资本限额，发行巴西货币（实物），黄金和外汇储备，储蓄、外汇和投资政策，资本市场。BACEN 和 CVM 负责市场对上述条例的实际执行和监督。

巴西中央银行的职责为：执行货币和信贷委员会制定的货币和信贷准则，监管和监督巴西公共和私营金融机构，控制外汇流入和流出，监督巴西金融市场。

2. 主要金融机构类型

巴西法律将金融机构界定为从事活动的实体，这些实体涉及筹集、经纪或投资本国的财政资源或第三方、国内或外币的资金，以及第三方拥有的金融资产的保管。它们既可以是公共的，也可以是私有的。

BACEN 授权或行政部门颁布法令（如果是外国的话），让金融机构开始运作，以及批准任何旨在向公众筹集资金的活动。

公共金融部门主要由以下实体组成：

一是巴西银行，一家由联邦政府控制的上市、私营和公共股份制公司，目前是在该国经营的最大商业银行之一。巴西银行是联邦政府的金融代理人，包括执行官方农村信贷政策。

二是国家经济和社会发展银行（BNDES），其资本完全由联邦政府持有。BNDES 是政府的开发银行，主要从事向私营部门提供中期和长期融资（直接或通过其他公共和私营金融机构），融资主要用于制造业。

三是联邦储蓄银行（CEF），也是一家国有金融机构，负责执行联邦政府关于低收入住房和低收入工人的政策。

私营金融部门包括多种服务银行，商业银行，投资、金融和信贷公司（金融公司），租赁公司，证券经纪公司和证券交易商。外汇银行和经纪人、抵押公司、信贷合作社、合作银行、储蓄和贷款协会以及小额信贷机构也分别受到中央银行和小额信贷机构的管理和监督。

（1）多种服务银行。多种服务银行必须至少与下列两个组合合并，其中之一必须是商业或投资组合：商业、投资和（或）开发（后者专门为公共银行服务），住房贷款，投资、金融和信贷公司（融资）和（或）租赁。

（2）商业银行。商业银行的核心业务是为贸易、工业、服务公司和个人的短期和中期融资提供资金、活期和定期存款、证券组合管理、汇票、特别农村信贷、外汇和贸易交易、公共信贷机构提供的官方资金的客户借贷、信用卡的发行和管理。

（3）投资银行。投资银行的核心业务是：通过持有公司的临时股权对公司进行投资；通过提供固定和流动资金为生产融资；第三方资源的管理；以实物市场本身和第三方的名义购买和出售贵金属，以及在金融和资本市场上买卖任何证券；在期货交易所及有组织的场外市场上，以其本身和第三方的名义进行交易；参与证券的发行、认购、转售和发行；外汇交易（仅经 BACEN 具体授权）；通过提供咨询服务、持有股权和（或）贷款，协调公司的重组和重组。

投资银行还可以为企业目的与金融市场交易直接相关的企业提供管理咨询服务，包括簿记、资产和负债管理以及托管。

（4）投资、金融和信贷公司（金融公司）。投资、金融和信贷公司（Financeiras）贷款，为个人和法律实体的货物和资产提供资金，（或）并向后者提供周转资金。

（5）租赁公司。租赁公司从事与本国或外国动产有关的租赁活动，并享受特殊的税收待遇，还从事租赁人为自己使用而购置的不动产的租赁活动。

（四）银行账户

只有巴西法律实体才需要在该国开设银行账户，才能从外国投资者或金融机构获得资金。一般来说，外国投资者不需要在该国开设银行账户就能投资于巴西公司，但对于复杂的投资结构和工具，必须进行逐案分析，以确定是否需要银行账户。允许外国实体或非居民个人在巴西授权银行开立和维持以巴西货币计价的账户，以外币计价的账户只在一些特殊情况下适用于居民和非居民。

（五）出借

巴西银行通过各种信贷交易提供融资，如循环信贷设施、没收贸易票据和应收账款、周转资本融资、贷款、消费贷款、供应商/商户融资、支票账户、信贷转让、租赁、出口融资、房地产融资、农村信贷交易等。公司能够在国内和国际上获得融资。国际贷款交易必须通过金融交易登记处向 SISBACEN（BACEN 电子登记系统）登记。政府和政府机构不直接支持外国投资者。然而，由于《联邦宪法》确保本国国民和居住在该国的外国人享有平等的权利，BNDES 要求借款人在巴西设有总部和行政机构，而无论其资本存量是否由外国投资者持有。由于上述关于 BNDES 贷款的限制，居住在国外的投资者不能从设在巴西的金融机构获得贷款。

（六）出口融资

1. 出口提前付款融资

出口预付款融资主要由进口商或金融机构为出口提供一定的税收优惠。出口商承担商业债务，该债务应在出售的产品出口时偿还，而不需要未来进一步的资金流动。实际上，通常支付是由位于该国境外的金融机构提前支付的，即银行在后者装运所购买的产品之前向出口商支付外币。通知进口商将商定的采购价格直接支付给位于巴西境外的收款账户。商定的利息可由出口商（以现金、通过运输货物或通过提供服务）支付巴西。超过 360 天的交易需要事先与 BACEN 登记。如果货物未装运，则原始交易的信贷可转换为直接投资或货币贷款。在这种情况下，税收优惠将被取消，出口商应缴纳所有未支付的税款以及适用法律规定的相关辅助费用。出口预付款融资可以被结构化为俱乐部交易，允许在不同参与者之间共享信贷风险。

2. 外汇合约进展（ACC）

ACC 包括以巴西货币支付的部分或全部预付款，相当于出口商在出口时有权使用的外币。换言之，ACC 是向以外币供资的出口商预支本国货币。这种融资方式的目的是向出口商提供预付款，以生产和销售今后出口的货物。根据现行规定，货物装运前最多可提供 360 天的 ACC。

3. 交付装运文件的预付款（ACE）

ACE 机制类似于 ACC，但向出口商提供资金的时机除外：一旦货物制造和装运，就可以提供 ACE。

根据现行规定，ACE 可以在货物装运后 12 个月的最后一个工作日清算。

4. 巴西政府出口融资计划（PROEX）

PROEX 是联邦政府制定的一个程序，为巴西出口交易提供与国际金融市场上的条件相当的条件。

巴西银行是负责管理 PROEX 的金融代理。两种融资方式如下：前置性融资设施（融资）；平等机会均等化措施（均等化）。

PROEX 金融性贷款专门通过巴西银行分配给出口商（供应商信贷）和进口商（买方信贷），资金由国家财政部提供。

在融资期为 2~10 年的交易中，任何国际贸易术语形式涵盖的出口商品中，有 85% 的出口产品是由前出口商品融资的，其余 15% 必须由进口商按需支付，或由离岸银行提供资金。在融资期限以两年为限的交易中，融资比例可达到 100%。

PROEX 允许设在巴西或国外的金融机构对某些合格的巴西商品、服务和软件的进出口交易实行同等的融资利率。通过均等化措施，巴西货物和服务融资交易的进出口支付的最终利率可以达到与国际市场相同的水平。

在上述框架下，巴西货物或服务的出口或进口实体可从巴西财政部收到出口或进口融资交易中收取的利率与利率的一部分之间的差额。如果出口或进口交易未在 PROEX 项下供资，则其通常会收取利息。

这项福利由国家财政部（Tesouro Nacional）支付，使某些巴西货物和服务的出口商和进口商能够获得类似于非巴西货物或服务的出口商或进口商在国际市场上获得的融资条件。这使巴西的出口在国际上更具竞争力。

5. 进出口外贸信贷

BNDES 还提供了一些信贷设施，旨在为巴西公司的国际化创造竞争条件。

出口商品和服务的融资分为两类：一类是装运前，为根据巴西法律设立的具有国际竞争力的公司的生产提供资金；另一类是装运后，根据国际标准，通过向出口商再融资或通过买方的信贷类别为国外货物和服务提供资金。

现有担保与出口信贷机构为便利获得出口信贷而提供的担保相同。例如，一项交易可能包括出口信贷保险作为担保，涵盖商业、政治和特殊风险。在巴西，这些担保是由私人保险公司提供的，短期内由联邦政府提供，长期由联邦政府提供。还可以向为融资业务提供国际担保的外国银行提出请求。

6. 出口信用保险和担保

巴西出口商和金融机构可以受益于联邦政府通过出口市场（SBCE）提供的出口信贷保险，用于针对可能影响巴西出口和（或）生产货物和提供与巴西出口有关的服务的商业、政治和非常风险的出口信贷交易。

国家经贸委提供的出口信用保险单，可以由财政部内的会计类基金出口担保基金承担。因此，联邦政府和国家统计局为巴西的出口提供了更大的竞争力。

SBCE 有以下股东：

Bancodo Brasil、The Bndes、The Coface（法国外贸保险公司）。

巴西国家经贸委出具的出口信用保险单也作为出口融资的担保。

在后一种情况下，SBCE 通过公开招标程序自行或代表联邦政府行事。

在业务上，出口分为短期和中期 / 长期两类，视向进口商支付的期限而定。

（七）安全

巴西贷款人可获得的主要担保权益类型为抵押、质押和信托转让 / 转让。

必须指出，从理论上讲，任何授权出贷人保留用于担保贷款的资产的合同条款都是无效的。只有在借款人和贷款人同意的情况下，借款人在违约时才可将上述资产作为未偿债务的实物转移给贷款人。

此外，在司法和（在某些情况下）非司法强制执行担保时，放款人被允许成为作为担保提供的资产的最终所有人。

1. 抵押

抵押是不动产、铁路、自然资源、船舶和飞机的适当担保。抵押只能由公证人出具的公共契据设立，除非法律明确授权在私人信贷工具或证书内设定留置权。根据《巴西民法典》，抵押贷款的最长期限为 30 年，但可通过新的公开契约予以延长。

当一项不动产（最常见的抵押资产）被抵押时，该财产的法定所有权和占有权都由抵押人（借款人）保留。如果抵押财产变质或贬值，而借款人不提供额外抵押品，贷款就会加速到期。如果借款人在贷款到期时适当偿还，则贷款终止，作为贷款附属的抵押也被视为自动终止。在适当的不动产登记处签署和登记一份公开文件，以便在第三方面前生效。

在破产的情况下，抵押贷款只能依据劳工信贷进行规制（最高限额为每个雇员每月最低工资的150倍，目前约为132000巴西雷亚尔，即33090.17美元）。然而，这并不意味着贷款人有权获得抵押财产的全部数额。出售财产是为了使破产财产受益，放款人在分享其收益以及出售破产财产的其他资产方面享有优先权（与其他以抵押和质押担保的债权人一起）。

2. 质押权

质押是对动产进行担保的一种形式。股票、个人动产、应收账款和银行账户都可以接受质押。

法律规定的常规担保分类包括农村质押（其中质押资产为农业机械和设备、作物、库存或动物）、工业和商业质押（工业机械、材料、工具、原材料和制成品）、质押权利和信贷票据。

在设定质押时，质押资产的所有权仍归出质人（借款人）所有，但占有权可以暂时转移给贷款人，也可以暂时转让给贷款人。如果质押资产被出售、变质或修改，贷款就会加速。如果借款人在贷款到期时适当偿还，则该贷款即被终止，作为贷款辅助的质押也被视为自动终止。然后在适当的契约和文件登记处、不动产登记处或交通/运输/许可证部门（视属何情况而定）签署和登记一份发布文件，以便对第三方生效。

就破产而言，质押与抵押是一样的。在破产的情况下，以借款人资产质押担保的贷款仅依据劳工信贷进行调整[最高限额为每个雇员每月最低工资的150倍，目前约为132000巴西雷亚尔（33090.17美元）]。然而，这并不意味着贷款人有权获得质押资产的全部数额。出售这些资产是为了使破产财产受益，并给予贷款人优先权（由抵押和质押担保的其他债权人）分享其收益及出售破产财产的其他资产的收益。

3. 信托留置权

信托式留置权（通常也适用于股票、不动产、个人资产、应收账款和银行账户）赋予贷款人信托资产或权利的所有权，可以对股票、个人资产、应收账款和银行账户设定质押或信托留置权。抵押或信托留置权是不动产的替代物。

如果借款人在贷款到期时适当付款，则所有权自动回复到原始所有者（借款人）。

当设立信托留置权时，资产的占有被视为分为借款人持有的直接占有和贷款人持有的间接占有。

根据巴西法律，下列类型的信托留置权是存在的：不可互换动产的信托转让；可替代资产的信托转让（仅限于国内金融机构）；银行账户的信托转让；不动产的信托转让；应收款的信托转让。

一般来说，与质押和抵押相比，信托担保形式的优点是，在借款人破产的情况下，贷款人通常享有更大的保护。贷款人可以在法律上占有资产，而借款人的其他债权人必须遵守破产程序的条款和其他条件。也就是说，由于所有权被视为转让给出贷人，在理论上该资产不被视为破产财产的一部分，以便在破产程序中由债权人分摊。

此外，在司法追回的情况下，由信托留置权担保的贷款人不受追偿计划的约束。

以抵押或质押为担保的贷款人须受债权人批准的收回计划的约束，但不得被迫解除或出售抵押或质押财产。

三、外商投资

（一）通用规则

巴西长期以来一直欢迎外国投资，外国投资是巴西经济发展的重要资金来源。关于这一事项的《基本法》于 1962 年颁布（第 4131 号法律）、1964 年修订（第 4390 号法律）。巴西外国投资立法的稳定性表明了该国吸引海外投资者的愿望。

外国投资无须政府批准或授权，也没有关于最低限度投资或当地资本参与的要求（除非在非常有限的情况下，如在金融机构、保险公司和其他受巴西中央银行监管当局管辖的实体）。然而，在后面解释的少数几个活动领域，外国参与受到限制或禁止。

BACEN 的职责是：管理对进出巴西的外国资本流动的日常控制（任何形式的风险资本和贷款），制定登记投资的行政规则和条例，监测外汇汇款，允许资金汇回。它对投资质量没有管辖权，也不能限制通过其电子登记系统向 BACEN 登记的股票或贷款资金的汇款。如果出现严重的收支赤字，BACEN 可以限制利润汇款，并在一段有限的时间内禁止汇款作为资本汇回。不过，即使在巴西最困难的国际收支问题期间，这一限制也从未适用过。

外国对货币的投资必须通过正式授权处理外汇的金融机构（商业银行）进行。外币必须转换为巴西货币，反之亦然，通过与商业银行签订交换合同，还可以通过资产和设备对当地生产货物或服务的贡献来进行外国投资。

（二）外汇市场

巴西过去有两个官方汇率市场（商业和浮动汇率市场），这两个市场都受到 BACEN 的监管和监督。选择哪个市场是强制性的，取决于资金汇款的性质。

2005 年 3 月，BACEN 统一了两个市场，消除了它们之间的差异，并颁布了更灵活的汇率规则。因此，资金进出巴西的汇款现在必须通过一个单一的外汇市场流动，无论付款的性质如何。

（三）外商投资登记

外币或资产和设备的外国投资必须向 BACEN 登记。这种登记授予外国投资者获得股息和利息的权利，并将投资遣返。

自 2000 年 8 月以来，外国资本投资必须在 BACEN 网上数据系统的电子登记系统中登记。至于外国贷款，截至 2001 年 2 月，这些贷款也须在 BACEN 电子登记系统中登记。

在 BACEN 登记为外国投资的金额包括：原始投资（无论是现金投资还是实物投资），随后的额外投资（包括信贷资本化），利润的潜在再投资。如下文所述，这一总额构成资本汇回和计算任何最终资本利得税的依据。

（四）上缴国家利润

自 1996 年 1 月以来，巴西公司向外国投资者支付的利润不收预扣税。采用外国直接投资模式的，汇出的外币必须在交易所市场直接从任何商业银行购买，但须提交一项公司法案，申报股息、有关财务报表，并在 BACEN 电子登记系统中登记有关股息的分配。除此之外无须再获得其他 BACEN 的批准或同意，如上述原投资已在 BACEN 注册，则汇出的金额不受限制。

（五）资本汇回

在巴西投资的外国资本可以随时被遣返，并且没有最低的投资期限。

在 BACEN 电子注册系统的外国直接投资模式中规定的数额内的投资可以免税。一般情况下，超过登记金额的任何盈余将被视为资本收益，须缴纳预扣税。

（六）巴西公司的其他注资（融资）形式

巴西的外债挑战，再加上其他情况，迫使市场找到其他方式，通过发行债券和在巴西境外进行私人和公开发行的商业票据，为巴西公司融资。近年来，BACEN 已授权大量债券、固定利率票据、浮动利率票据、商业票据和定期或浮动利率存单在国外进行交易。然而，目前平均期限为 180 天的外国贷款须缴纳 6% 的金融交易税（IOF），支付给外国人的利息应缴纳预扣税。另一个资金来源是发放发展成果报告——美洲保存收据和国际保存收据。

（七）对外国公司所有权的限制

外国资本可在巴西自由投资，并享有与巴西资本同样的待遇，但上文所述的少数例外情况除外。

四、商业组织形式

在巴西，两类公司实体主要用于商业交易：有限责任公司和法人。

有限责任公司具有许多实际优势。如果合伙人希望公司结构简单灵活，包括较低的维护费用和不适用对法人来说是强制性的一些法律手续，则是值得推荐的。有限责任公司通常适用于全资子公司或受限制的合资企业。

但是如果合伙人希望公司将来发行债券或其他证券，成为一家上市公司，或接纳其他投资者群体，则采用法人结构更为可取。对于拥有更多或不同股东群体的企业来说，法人也是更好的选择。

巴西法律实体的公共登记处有两类：法律实体和商业委员会的民事登记

处，两者都有国家管辖权。有限责任公司和法人等业务实体必须在公司总部所在国家的商业委员会及在开设分支机构的任何其他国家的商业委员会登记。在法律实体的民事登记处可以登记简单的合伙关系、协会和基金会。公司文件，如适用的章程或章程的修订，以及合作伙伴会议的某些会议记录，必须于公司各自的登记处备案。

（一）有限责任公司

巴西有限责任公司类似于美国有限责任公司（LLC），是巴西最常见的公司类型。如今，它占巴西所有公司的 70%~85%，涵盖了很少有合作伙伴的小企业和该国一些最大的企业。

有限责任公司至少需要两名合伙人。合伙人可以是法律实体或个人，巴西人或外国人。如果合伙人不是巴西居民，他们必须在巴西拥有一名律师。该律师有权在一般的公司事务中代表他们，并代表他们接受诉讼服务。

根据巴西法律，该公司的资产与合伙人的净资产无关。合伙人只有在滥用职权或违反法律或公司章程时才会被追究责任。

如果公司的资产不足以承担公司的义务，且股本尚未完全支付，则合伙人应共同承担资本存量的责任。如果认购的股本由合伙人完全支付，则合伙人将只对其在股本中的相应利息承担责任。

巴西有限责任公司是通过公司章程组建的，这是合伙人之间的书面协议，必须根据《巴西民法典》拟订，并清楚地载明合伙人组建该公司的意图，如公司的宗旨、股本、管理人的权力等。

有限责任公司的成立伴随着公司章程在公司总部所在州的商业委员会的登记而进行，同时在联邦税务局登记，以签发公司的联邦纳税人识别号（CNPJ）。一旦该公司正式加入联邦税务局，它将被允许在巴西开设银行账户并执行合同。

有限责任公司成立后，需要取得其他标准许可证，如市政税务证件、国家税务证件（如适用的话）和经营许可证。视公司的活动而定，可能需要其他许可证，如向政府机构登记（如巴西卫生监督局）。如果该公司进行进出口活动，该公司将需要获得外贸部颁发的许可证。

对公司章程的修订需要合伙人的批准，合伙人至少占资本存量的 75%，而且还必须在商业委员会登记。

有限责任公司必须采用会计制度，其中包括定期记录与其活动有关的商业和财务信息。

任何向巴西汇款的外国合伙人，无论是作为投资还是作为贷款，都必须在巴西中央银行的电子系统进行登记注册。该注册对未来向外国合伙人支付利润、资本返还（用于资本投资）和（或）支付利息和本金（用于贷款）至关重要。

持有巴西公司股权的所有外国人，如果是法人或个人纳税人，则必须在法律实体的国家登记册进行登记，以获得公司纳税人识别号（CNPJ）。

有限责任公司的股本分为配额，可以转让。配额的数量和所有权必须在公司章程中注明。

如果公司章程中没有另有规定，则允许向其他合伙人或第三方转让配额，除非代表四分之一以上资本存量的合伙人不同意这种转让。

作为一般规则，不需要最低资本存量（在获得某些许可证的情况下例外）。不过，资本存量应符合公司最初的经营需要。在需要更多资金的情况下，合伙人可以通过修改公司章程，随时增加公司的股本，条件是现有的股本已经支付完毕。

合伙人可以用现金、信贷或者资产支付股本，但没有法律规定的支付期限，不得以提供服务代替支付股本。只有在全额缴付先前认购的款额后，才会容许增加资本。

合伙人在合伙人会议上作出的决定对所有合伙人都有约束力，即使他们缺席会议或不同意所进行的审议。

有限责任公司可以由一个或多个合伙人、非巴西公民或外国人管理，条件是他们是巴西的居民。经理负责公司的管理和代表公司开展经营活动。

除法律规定的事项外，公司章程还可以规定对公司的不同程度的控制，并确定哪些事项取决于合伙人的事先授权。

一般来说，公司的经理不对在正常业务过程中的行为负责。然而，以下情况例外：从事过失或不法行为（滥用或滥用公司权力），即使是在其职责或权力范围内；违反法律或公司章程的行为。根据民法，他们将对所造成的损失承担个人责任。

向主管登记处提交的公司章程中规定的对管理权力的限制也适用于与公司谈判的第三方。因此，如果现行的公司章程对经理的权力有明确的限制，与公司签订合同的第三方必须遵守本公司文件中的规则，才能使业务生效。

2007 年颁布的一项法律作出修改规定，上述内容仅适用于公司的规则，与财务报表的记录和编制及独立审计有关，也适用于公司或一组共同控制的公司，在上一个财政年度的资产超过 2.4 亿巴西雷亚尔或年收入毛额超过 3 亿巴西雷亚尔。根据这项法律，一些商业委员会了解到，如果在有限责任公司（或任何其他公司类型）下成立的公司符合这些要求，以前只适用于法人的关于在官方公报和另一份广泛阅读的报纸上公布财务报表的义务的具体规则也将适用于该公司。

因此，自 2007 年以来，巴西律师对这一问题进行了几次辩论，因为一些巴西律师认为，该出版物对于有限的责任公司并不是强制性的，因为在法律中没有提到出版财务报表的必要性。有许多赞成和反对这两种解释的论点。2008 年提交的诉讼中的一项裁决要求公布财务报表是强制性的；然而，即使在这一司法裁决之后，只有执行这种出版物要求的一些贸易公司才要求确认已公布的财务报表，用于支持提交批准符合法律规定要求的公司财务报表的合伙人会议或股东大会的会议记录。许多公司已经提交了 Mandamus 的令状，以便公布其财务报表。其中一些人获得禁令，而其他人则没有；因此，尚未就这一问题作出最后决定。

（二）法人

与美国法人一样，巴西法人的主要目的是赚取利润，并将这些利润作为红利分配给股东。

根据股东的利益、权利和限制，法人的股权可以是不同类型的股份。

公营法人必须在巴西证券交易委员会（CVM）注册并接受其监督。法人也可能是私人拥有的。

只有上市的法人才能发出保存收据（DR），这是代表公司股份的证书。DR 在国外市场交易，使该公司能够在巴西境外筹集资金。

巴西法人是通过其章程组织的，这些章程是必须遵守《公司法》的书面文件。法人章程必须经首次股东大会批准，并可由特别股东大会修改。

为了有效地存在，法人必须向商业委员会提交成立股东大会的会议记录和批准的章程，以及一份完整的股本认购人名单，如果资本是现金支付的，银行收据为最初的 10% 付款。作为例外，根据经修正的 1964 年第 4595 号法律，无论公司还是金融机构，初始付款的百分比必须等于或高于认购股本的 50%。

一般而言，在向商业委员会提交有关文件后，通常在 5 天内提出申请，除非商业委员会要求更改文件或要求提供补充资料。

与有限责任公司一样，法人还必须获得所有其他标准注册，以及具体的标准注册，这取决于要开展的业务类型。同样，法人的股东，无论是其他法人实体还是个人，都必须在 CNPJ 或 CPF 登记（视情况而定）。

法人必须采用一种会计制度，其中包括与其活动有关的商业和财务信息的标准簿记，以及一份指定股票分类账，一份指定股权转让分类账，一份股东大会会议记录分类账，一份股东出席情况分类账，一份执行理事会会议记录分类账，还有监督委员会会议的意见和会议记录。

除非法律或细则另有规定，股东的决定需要简单多数票，而不考虑弃权。

公司可由董事和董事会管理（在公共公司的情况下需要），或仅由董事会管理。

董事会是一个集体决策机构，至少由股东大会任命的 3 名成员组成。如果董事会成员不是巴西居民，根据《巴西公司法》，董事会成员必须任命一名巴西居民代表，接受法律诉讼程序服务。

董事会是该法人的执行机构，由至少两名需要成为巴西居民的官员组成。高级职员代表法团，并执行正常运作所需的一切行为。

一般而言，官员和董事只有在涉及滥用职权、越权或违反法律的情况下才对其行为承担个人责任。

法人还设有监督委员会，其基本职能是监督管理行为。

法人的大部分法人文件，如章程、股东大会和董事会会议记录、年度报告、资产负债表和其他财务报表，必须在《政府公报》和另一份广泛阅读的报纸上公布。

（三）其他法律实体

巴西法律规定了其他类型的公司实体，如简单合伙、秘密合伙、普通合伙、有限合伙、协会和基金会。然而，除非有具体的商业决定或业务理由证明有理由采用任何这类法律实体，否则这些类型的法律实体并不被普遍采用。

2011 年，巴西建立了一种新型的公司结构，即 EIRELI 个人有限责任公司（一家个人有限责任公司）。该结构只由一个人组成，无论是巴西人还是外国人。自 EIRELI 成立以来，人们一直在讨论一个法律实体是否可以组成该结构。尽管巴西管理商业委员会的联邦机构（巴西注册局）规定，该结构不能由法律实体组成，但已经提出了一些法律诉讼来讨论这一问题。关于这个问题还没有最后的决定。

为了有效地存在，个人有限责任公司的章程应提交其所在国家的商业委员会。

个人独资有限公司的最低资本应为巴西现行较高最低工资的 100 倍，在成立之日应全部认购和支付，其所有者应对其资本存量的义务承担责任。该结构公司允许所有权的分配和转让。但是，不允许一个人拥有不止一个个人独资有限责任公司。

适用于有限责任公司的规则应依照适用于该类公司的结构。

五、合并、收购、合资和私人股本

（一）总览

巴西市场为那些希望通过收购或与当地公司合并，甚至与当地合作伙伴合作扩大其在巴西业务的公司提供了许多机会。作为一项一般规则（除电信、航空和能源等某些受管制部门外）对外国投资者持有的巴西公司资本存量的百分比没有任何限制，也不存在除经济国防行政理事会（CADE）的反托拉斯批准之外还须事先获得的任何特别批准。

（二）法律框架

1. 收购

外国投资者扩大在巴西活动的最常见方式是直接收购一家或多家现有的巴西公司，通常使用现有的一家巴西控股公司作为收购工具，该公司接受外国实体的直接投资，并被用作收购的工具，在必要时用于安排资金。一般而言，巴西公司的收购使用的机制与国际上普遍采用的机制相同。买方和卖方执行一项协议，列明收购的条款和条件，包括与被收购企业有关的通常的陈述和保证。这些陈述和保证的准确性及业务的总体情况在结束前由买方指定的会计师、律师和专家通过尽职审查确定。

在收购时，买方可自由解雇被收购公司的董事和高级人员，并可任命新的董事和高级人员（后者作为公司的高管，必须是巴西居民）。根据巴西税法，非居民在巴西出售资产（包括股份或资本配额）所得的资本收益应在巴西纳税，即使卖方和收购人都是非居民也是如此。该税应于出售和（或）支付该税款的日期缴纳，而在巴西的收购人或其在巴西的律师是负责在购房者为非居民时扣缴适用的资本利得税的一方。在收购上市公司股票之前，必须先分析公司股票的实际分布情况。根据市场上的股票数量（自由流通股），公开提出从市场上购买股票的要约，而小股东可以拥有强制随售权——按照控制区股票所付价格的 100% 出售其持有的股份。除某些受监管的产业部门（如电信、航空和能源）和 CADE（如果交易触发法律门槛）外，没有必要通过监管批准来进行收购。根据巴西税法，出售大部分资本触发了对目标公司的某些许可证明的要求，在此情况下，必须提交收购文件。

2. 并购

巴西法律规定了两家或两家以上公司合并产生新公司（fusão）、分拆（cisão）和将一家公司并入另一家公司（incorporação）的规则。在购置的情况下，很少使用 fusão（通常认为这太麻烦，相比 incorporação 而言没什么收益）。cisão 通常用于在出售股票之前重组一家公司，将不包括在出售中的资产和负债分开。反过来，当以收购公司的股票支付部分收购价款时，则使用 incorporação （一家公司导致被出售公司的前合伙人接受收购公司新发行的股票）。在对 fusão、cisão 或 incorporação 作出决定之前，应对拟出售的公司进行分析，以核实其是否能够从税务机关出示债务清算证明——这是巴西法律对任何打算合并 / 或并入另一家公司或进行分拆的公司的一项要求。与收购的情况一样，合并也需要目标公司的某些税务清关证明，这将需要提交合并文件。

3. 合资企业

除成立一家新公司或收购一家现有公司外，外国投资者还可以考虑与巴西各方或其他外国人建立合资企业。在巴西的合资企业通常以有限公司或sociedade anônima的形式组建,合资企业合伙人的权利和义务通常由合资协议、公司章程、附例、股东协议和适用的公司法规定。

4. 私募股权

通常，在巴西组织的私人股本采取的形式是私人股本投资基金 FIP。FIP 是根据 CVM 的规则组织和存在的。FIP 有权投资于可转换或可流通的股票、债券、认股权证和其他可兑换或可流通的私人公司或密切控股公司的股票，而 FIP 通过如下渠道实际上参与了被投资公司的决策过程：控制区的利益，股东协议，其他能确保投资促进局对公司策略有影响的协议或程序。

FIP 必须由 CVM 授权的法律实体管理，其中包括金融机构。由于其税收优势，FIP 最常用。

（三）实际问题

对收购巴西公司感兴趣的外国投资者经常提出的一个问题是，他们是否应该收购资产或股票。在其他国家，资产收购可能比出售资产的公司的负债提供更多隔离性，但在巴西，情况可能并不总是如此，特别是在税收和劳工负债方面。

巴西税法规定，曾经属于一家公司的资产，如果出售资产的公司没有足够的资金来偿付这些负债，税务当局可以将其作为纳税责任的对象。此外，如果采购公司还“继承”公司出售资产的雇员，劳动法院往往宣布采购公司为销售公司的接班人，从而使采购公司面临很大的潜在风险，即在从销售公司转移其劳动合同之前，必须支付雇员所承担的遣散费、社会保障和其他劳动责任。因此，虽然一笔资产交易实际上可能为销售公司过去的负债提供一定的隔离，但每一种情况都应逐案分析，不仅是为了确保从税收角度来看结构是合理的，而且还要核实以额外的努力去进行资产交易与股票交易相比最终是否值得。

（四）趋势与发展

无论经济增长如何减少，巴西的并购活动都将以非常强劲的速度进行。这可能是因为巴西货币贬值，这有助于缩小买方和卖方之间的估价差距。此外，巴西经济的许多部门，如石油和天然气、基础设施和其他几个部门正在进行金融重组，这将要求出售资产作为降低杠杆努力的一部分，而杠杆的销售可能非常有吸引力。其他部门，包括农业综合企业和弹性消费品，将继续受益于巴西经济的固有能力。与此同时，巴西仍然是许多以巴西为核心的私人股本基金筹集资金的重要目的地。在监管环境方面，我们期望看到巴西公认会计准则继续根据国际会计准则理事会的标准加以修订和应用。此外，我们期望改善某些涉及基础设施（如港口、水道、铁路等）的部门的监管框架，以及巴西的其他关键部门，如农业。另外，外国人对农村土地所有权的某些问题继续显示出一些不稳定性，而且在不久的将来往往会继续下去。

六、资本市场

（一）上市公司

1. 总览

经修正的第6404/1976号法律（《巴西公司法》）将巴西公司分为非上市公司和上市公司。后者按照经修订的第6385/1976号法律（《证券法》）的规定，在巴西证券交易委员会登记并接受其监督，并可在有组织的证券市场公开发行或交易证券。

2. 管理结构

上市公司在管理结构方面须遵守更严格的规则，即需要一个董事会（控股公司一般不需要董事会）和一名投资者关系干事。

（1）董事会

董事会负责制定一般业务政策和总体指导方针，包括长期战略，并控制和监督公司的业绩。除其他事项外，董事会的职责包括选举或罢免执行人员和监督管理团队。根据《巴西公司法》，上市公司的非控股股东，其所有利益至少在前三个月内代表至少15%或10%的有表决权股份或股本，有权选举和罢免一名董事和相应的替代董事。如果没有达到这一百分比，有表决权和无表决权的股东可以增加他们的股权参与，并选举一名董事，只需总百分比至少达到公司股本的10%。自根据第12431/2011号法律实施《巴西公司法》

修正案以来，个人不再需要成为公司股东才能被提名为董事会成员。

（2）执行人员会议

执行人员负责日常管理，由董事会选举产生，必须是巴西居民。他们有由章程和董事会规定的个人责任。一家上市公司的一名管理人员被指定为投资者关系干事，负责向公司的股东、CVM 和证券交易的有组织证券市场提供信息。

（3）监督委员会

根据《巴西公司法》，监督委员会必须是一个独立的法人机构。监督委员会的主要职责包括监督管理活动、审查公司的财务报表，并向公司股东报告其调查结果。监督委员会既可以是常设的，也可以是临时的，在这种情况下，它将应股东的要求而设立，其利益至少代表 10% 的有表决权股份或 5% 的无表决权股份。此外，在一家上市公司，根据适用的 CVM 规则，这些百分比可能会因公司的资本存量而有所不同。

3. 实质信息披露

（1）定期和特定情况下披露信息

上市公司受《证券法》规定的报告规则约束，这些规则要求公司定期向证券交易中心和有组织证券市场提供信息，包括但不限于（如下文所定义的）货架文件报告和登记表、财务文件，如标准化财务报表、年度和季度信息、季度管理报告，以及独立的审计报告。此外，公司还必须向 CVM 提交所有股东协议、电话通知和股东会议记录副本。自 2010 年以来，为了取代以前的 IAN 表格（类似于美国 20-F 格式），CVM 引入了一份货架式文件报告，该报告必须提交并每年更新，或在 CVM 第 480/2009 号条例规定的具体事件发生时提交。根据国际证券委员会组织（IOSCO）制定的上架登记制度，无论何时公开发行证券，本文件报告必须遵循发行说明。与以前的招股说明书模式相比，发行票据只提供了与要约和发行者当前的市场状况有关的信息，因为参照货架式文件报告将足以提供有关该公司的所有其他信息。

（2）披露公司、控股股东、董事、高级人员及监督委员会成员的股票交易

根据金融监管委员会的规则，董事和高级管理人员、监督委员会的成员，以及审计委员会或任何其他技术或咨询委员会的成员，必须在适当的规定所

要求的时限内，向公司、CVM 和进行该证券交易的有组织的证券市场进行披露，并提供合规性规定所要求的具体信息、由公司或其公开持有的附属公司或与其有关的人发行的证券的数目和种类，以及对其各自利益的任何改变。

（3）披露实质交易

根据经修正的欧洲监察委员会第358/2002号条例，投资者拥有5%或5%以上的流通股或有价证券，包括巴西一家上市公司发行的巴西存托凭证，会触发投资者的披露义务，在此情况下必须向该公司报告这种所有权，该公司则将这一事实通知CVM。投资者、关联方及共同行动或代表同一利益的任何其他人（即共同控制下的实体和由同一实体或关联方管理的基金）所持有的股份或权利也属于这一门槛。如果股份达到以下标准，还需要提交更多的报告：在某一类型或类别或股份中达到5%的倍数及涉及金融或实物结算的衍生工具。

（4）披露实质信息

根据《证券管理法》和《证券法》的规定，上市公司必须将与该公司或其业务有关的任何重大发展情况通知证券交易所和有组织证券市场。实质性发展情况包括有可能影响证券价格的事件，投资者购买、出售或持有此类证券的决定，或他们行使此类证券固有权利的决定。

4. 公开发行证券

（1）强制要约

根据经修正的欧洲核查委员会第361/2002号条例，公开发行证券须符合以下要求（OPA）：在有组织证券市场将一家上市公司退市；由于处置一家上市公司的控制权益，或因附例的有关规定而导致该公司退市，以及其他情况。

（2）总体规则

公开发行证券总体上而言：须在金融管理中心登记；由金融机构进行中介；如果由目标公司本身或其控股股东发起，且可适用条例具有相关要求，则需要以专业机构编写的目标公司评估报告为基础；在交易该等证券的有组织证券市场进行标售。

① 退市程序

上市公司退市程序：必须由控股股东或公司本身发起，在这种情况下将需要准备金；要求收购公司发行的所有股份；需要由估价报告确定的合理价格，按照 CVM 的定义，三分之二的自由浮动协议将该公司退市。上市后，如果自由流通股跌至公司发行的全部股份的 5%，股东大会可以授权以发行价格赎回该自由流通股。

② 控制权益的处置

根据《巴西公司法》，如果单个投资者在收购公司发行的证券方面占据很大比例，其他披露和公开发行相关义务可适用于投资者。更具体地说，投资者必须通过公开发行的形式，以获得该公司发行的剩余有表决权股份，其价格至少为每一控股有表决权股份所支付价格的 80%，另加应计利息（法律规定的随售权）。

这一价格适用于巴西的任何上市公司，但在圣保罗证券交易所二级特许上市公司和新市场板块上市的公司除外，如下文所述，附加的权利规则适用于此。

③ 其余销售

公开发行股份同样也是强制性的，前提是公开持有公司股份的控股股东或与之有关的一方减少了某一类股份收购的流动资金，如超过三分之一的自由流通股的任何给定类别（公共或优先）和子类；对于某些在证券监管中上市的公司，任何特定类别的自由流通股的 10%，如果控股股东已经持有超过 50% 的这类股票，而 CVM 认为，在接下来的 6 个月内，收购减少了这些股票的流动性。

此外，根据 CVM 第 361/2002 号条例，投资者可以通过公开发行购买股份的方式获得公司的控制权，无论是敌意还是非敌意。这种自愿性的发行一般不经证券管理委员会登记，但涉及证券交换的除外。

（3）要约收购细则

上市公司的某些附则可能要求上市公司在投资者达到门槛时，按照附则的规定，以确定的价格公开销售证券。由于巴西法律和法规中没有规定这种公开募股，所以对每一项附则进行逐案分析，以确定适用的规则。

（4）其余规则

为执行任何形式的公开发行以购买股份，要约人必须对有关要约的任何资料保密，直至该要约正式向市场公布，并确保其董事、雇员、顾问及其他有关第三者履行同样的责任。有价证券经纪人、证券发行代理人、投资组合金融机构受聘中介时，不得与所涉公司发行的股票进行谈判，不得对公司及其经营情况进行研究和公开报告。

上述限制不适用于如下情况：代表第三方进行交易；明显旨在测定股票指数、证券或证券收据情况的交易；为对冲目的与第三方签订的总回报互换交易；根据 CVM 规则作为市场庄家的交易；对第三方投资组合的全权管理。

在公开发行期间，发行方及其关联方禁止进行如下行为：直接或间接出售受禁止令管辖的同类和子类股份（但这一禁令并不妨碍发价人在拍卖中将自己的股份出售给第三方）；在部分公开发行的情况下，获得受公开发行管辖的同类和子类的股份；就以同一类别的股份为基础的衍生工具进行操作，而该等股份是受 OPA 规限的股份。

（5）自主购买

根据巴西证券交易委员会的规定，投资者可以通过购买公开发行股份的方式获得公司的控制权，无论是否敌意。除非发行涉及证券交换，否则此类行为通常不受巴西证券交易委员会的登记。

5. BM&FBovespa 的特别上市板块

（1）一级、二级和新兴市场

BM&FBovespa 有三个特殊的上市部门，即一级、二级和新兴市场。这种分类最初是为了开拓促进已在 BM&FBovespa 发行证券的巴西公司所发行的证券的二级市场，鼓励这类公司遵循公司治理的良好做法。上市部门的目的是交易公司自愿发行的股票，这些公司自愿同意遵守更多的公司治理做法和披露要求，以及巴西适用法律已经规定的要求。这些规则普遍增加了股东的权利，提高了向股东提供信息的质量。

为成为一级公司，除适用法律规定的上市公司义务外，发行人还必须同意：确保至少占其总资本 25% 的发行人的股份能够有效地用于交易；在公开发行时采用有利于广泛拥有股票的发行程序；遵守最低季度披露标准；对其控股股东、董事会成员及其执行人员涉及其发行的证券的交易采取严格的披露政策；向股东提供公司事件的时间表；向 BM&FBovespa 提交至少适用于控股股东及公司管理人员及职员的公司证券谈判守则及政策。

此外，董事会主席和首席执行官不能是同一个人。上市公司的任期最长为3年，以便在适用情况下重新安排其管理结构，以符合这一新要求。

为成为二级公司，除适用法律规定的上市公司义务外，发行人还必须同意：

一是遵守一级公司的所有上市规定。

二是向所有非控股股东提供与转让控制权有关的所有股东随售权的权利，而无论该公司是否向所有非控股股东支付相同的每股价格。

三是在某些情况下授予与某些公司重组和相关方交易有关的优先股持有人表决权，例如，将公司转变为另一组织形式；该公司的任何合并、合并或分拆；批准该公司与其控股股东或与该控股股东有关的各方之间的任何交易；批准向公司交付的任何资产进行估值，以支付在资本增加中发行的股份；委任一名专家，以确定该公司与任何二级撤销注册及退市投标要约有关的公允价值；对这些表决权的任何修改，只要与BM&FBovespa签订的符合二级规则的合同有效，这种修改即具有优先性。

四是设立一个由至少5名成员组成的董事会，其中至少20%的董事必须是独立的，并将所有成员的任期限制为两年，允许连任，或3年且不得连任，前提是在公司没有控股股东持有公司50%以上的股本的特殊情况下。

五是按照国际会计准则编制英文年度财务报表，包括现金流量表。

六是如果它选择从二级部分退市，由该公司的控股股东进行投标（向所有股东提供的股份的最低价格将是由具有必要经验的独立机构确定的经济价值）。

七是完全遵守BM&FBovespa的市场仲裁商会裁决，以解决公司与其投资者之间的争端，或由二级规则引起的争端。

在最近对二级规例的修订中，加入了一些禁止措施：代表公司股本不足5%的股东的法定人数规则或限制表决权（对拥有优先股的非国有化公司除外）；对投票赞成修改公司章程的股东的责任。

最后，除其他具体变化外，执行公司股份的任何要约都需要董事会事先提出书面意见，而董事会将在股东会上对最后决定不具约束力。要在新兴市场上市，发行人必须满足一级和二级公司的所有要求。此外，发行人必须只发行普通股，但公司非国有化的情况除外，该公司可以接受优先股，以便向非国有化实体授予具体政治权利。

（2）Bovespa Mais

Bovespa Mais 是有组织的场外交易市场的一部分，其目的是增加新的、中小型的上市公司在 BM&FBovespa 上进行股票交易的机会，因为这部分市场也遵循先进的公司治理实践标准。

（二）内幕交易

巴西的内幕交易规则与在美国适用的规则非常相似，既适用于信息来源（告密者，如相关公司的管理机构），也适用于向其提供信息的个人，以及在此基础上滥用所述信息的个人（即告密者，如律师和财务顾问）。巴西立法禁止以内幕信息（任何可能影响正常业务过程的非公开信息）为基础进行证券交易，并根据所涉个人的违法程度和地位，对其处以行政、民事和刑事处罚。这三种处罚可以单独或集体实施。

行政处罚可由 CVM 实施并包含于《证券法》第 11 条规定：警告；罚款，根据相关交易而定；暂停担任上市公司或在 CVM 注册的任何其他实体的董事或审计委员会成员长达 20 年；取消在资本市场经营的授权；暂时禁止在证券市场的一项或多于一项交易中，直接或间接经营业务，为期 10~20 年。

根据公共利益，该法授权 CVM 有权与企业达成和解，中止因违反证券法律和条例而产生的一般行政程序。一旦有关各方同意，将进入由证券委员会决定的处置程序。请注意，与 CVM 达成和解的效果仅限于行政处罚，并不妨碍民事和刑事处罚。民事处罚通常是个人或国家检察官为追偿因内幕交易而遭受的损害或损失而提起的赔偿诉讼。刑事处罚为 1~5 年监禁，罚款可达内幕交易非法收益的 3 倍。

（三）证券交易

CMN 同时监督由巴西中央银行规制的金融市场和由金融监管机构监管的包括衍生品合同在内的证券市场。因此，证券交易须遵守《证券管理条例》。与这些交易有关的主要活动说明如下。

1. 公开发行

（1）公开发行的概念

由离岸或在岸实体在巴西公开发行的证券通常需要：事先就发行及（如

果规则要求的话）发行人向 CVM 进行注册（《证券法》第 19 条和第 21 条），由作为巴西 SDS 一部分的机构的中介（《证券法》第 15 条和第 16 条），以及将所提供的证券列入巴西有组织的证券市场（公开发售）。

（2）公开发行的条件

在下列情况下，在巴西发行证券被视为公开发行：

① 在巴西进行的任何销售努力（指为直接或间接促进认购或处置证券而针对一般公众的任何形式的通信）是为一般公众设计的；

② 虽然不是针对一般公众，但巴西投资者可以获得有关发行的信息，而且没有采取任何预防措施以保障只允许在该国的投资者或获准发行的地点的投资者获得这种信息。

（3）静默期和锁定期

在静默期，发行者、承销商及参与公开发行的所有机构的经理，在填写公开发行登记前或在公开发行批准之日（以最后一天为准）前 60 天内，禁止公开披露与发行或发行人有关的任何信息，但与公司正常活动有关的信息除外。此外，发行人和所涉中介机构还须遵守锁定期，直至关闭通知公布。在此期间，他们不得与有关发行人的证券或其中提及的证券进行任何交易，但有关条例明文规定的情况除外。

（4）请求给予豁免

巴西证券交易委员会迄今尚未颁布任何关于放弃公开发行证券登记的一般规则，即使是在国外发行的证券①。然而，《金融管理条例》第400/2003号条例明确允许证券管理委员会放弃对发行人和（或）证券发行的登记，或其某些要求（如招股说明书、首次发行通知等）。在给予这种豁免时，巴西证券交易委员会除其他方面外，将考虑：① 发行的证券票面价值或总额；② 符合在多个司法管辖区发行证券的不同程序，须确保与本地投资者的平等待遇；③ 发行证券的计划；④ 发行的标的，包括地理位置及数量；⑤ 如果发行只针对合格投资者或专业投资者。

这样的规定并没有具体说明每一种情况的细节，而将其留待 CVM 逐案分析。

① 巴西没有类似于在美国颁布的第 144 A 条规则，该规则规定，在某些情况下，合格的机构买家可以获得普遍豁免。

（5）专业投资者的定义

专业投资者这一类别包括：

① 由巴西中央银行授权经营的金融机构和其他机构；

② 保险和资本化公司；

③ 开放式和封闭式养恤基金；

④ 有超过 1000 万巴西雷亚尔的金融投资并以书面形式证明其专业投资者状况的个人或法律实体；

⑤ 投资基金；

⑥ 投资俱乐部，条件是其投资组合须由金融管理中心授权的证券投资组合管理人管理；

⑦ 独立投资代理人、投资组合经理、分析师及证券顾问，由中央证券有限公司授权，处理其本身的投资；

⑧ 非本地投资者。

此外，必须指出的是，联邦、各州、联邦区或市政当局实行的自己的社会保障系统也可被视为专业或合格的投资者，但这些系统必须得到社会保障部颁布的具体条例的承认。

（6）合格投资者定义

法规修改了合格投资者的定义，现在包括：

① 上文所界定的任何专业投资者；

② 拥有超过 100 万巴西雷亚尔并以书面证明其合格投资者条件的金融投资的法律实体和个人；

③ 与其本身的投资相关，在技术资格考试中核准的个人或作为独立投资代理人、证券管理人、证券分析师和顾问的一项要求，持有经 CVM 批准的证书的；

④ 投资俱乐部，只要其投资组合由一名或多名被视为合格投资者的投资者管理。

（7）自动豁免

根据《中央证券条例》第 476/2009 号条例（经修订）规定，某些公开发行的证券，如果具有限制性销售情况的，将自动豁免登记。这种豁免要求：

① 寻求不超过 75 名专业投资者的要约；

② 由不超过 50 名专业投资者购买或认购的证券；

③ 不会通过公开销售方式进行的证券发售；

④ 所有须向投资者披露的重要资料都会被披露，尽管无须发出招股章程；

⑤ 在获豁免的要约之后的 4 个月内，不得进行相同的公开发行；

⑥ 所提供的证券必须在巴西发行；

⑦ 只在合格投资者之间交易，并在获豁免发行完成后第 90 天后进行交易；

⑧ 发行人已经审计其周年财务报表；在该财政年度完结后的 3 个月内，在其网站上披露该等报表；披露重要资料报告；不根据实质而非披露的资料进行证券交易。

（8）EGEM

公开于主要市场发行人（EGEM）受美国版本的知名的成熟发行主体（WKSI）模式的启发，能够自动向 CVM 登记其公开发行。如果符合以下要求，公司将有资格成为一家该类企业：公开交易至少三年；在过去 12 个月内及时遵守 CVM 要求；自由浮动等于或大于 5 亿巴西雷亚尔。

为了从 EGEM 的自动注册中受益，发行人和主要的分销承销商必须向 CVM 提交一份请求，除其他文件外，提交一份具体的申请，宣布资格为 EGEM 和一份标准的招股说明书。经 CVM 批准后，发行登记在 5 个工作日内生效。但是，如果没有严格遵守这些要求，CVM 可以在任何时候将此应用程序转换为标准的注册过程。

（9）一级和二级市场公开发行

公开发行可以在一级或二级市场进行，也可以两者兼而有之。

（10）证券发行计划

已经公开发行证券的上市公司，可以在申报后两年内，向巴西证券交易委员会提交证券发行计划。

（11）超额发售

证券条例授权如下情况可以增加发行，而不必改变登记声明：在需求大于预期的情况下，由承销商（绿鞋机制）作出决定；或由发行方作出决定。这种增加分别限于最初提供的证券数量的 15% 或 20%，并且可以单独地或集体地行使。

（12）巴西存托凭证

巴西存托凭证（BDR）的发行、公开发行和交易均须接受 CVM 的监督。与上文所述的一般规则类似，BDR 的提供也可能要求发行人和要约在 CVM 登记。根据适用的条例，只有外国公开持有或类似的公司才有权发行 BDR 的基本资产。根据 CVM 的规定，外国发行人的资格构成除公司所在地外，还会考虑包括公司在海外拥有的资产总额，而不只是各自发行人的国内收入来源。因此，应考虑外国实体在巴西持有的资产，以使其符合外国公共控股公司的资格。

BDR 有两个级别：由发行公司聘用和（或）授权的存托机构（分类为一级、二级或三级）提供的受赞助证券；非担保发行人，发行人与发行公司无关联和（或）授权（仅一级）。

（13）其他存托凭证

巴西的上市公司也有权在国外公开提供存托凭证（DR）（如 ADR 和 GDR），条件是 CVM 批准该等凭证，且该上市公司雇用了托管人和保管机构，并遵循了适用的法律、规章和自律规定的其他程序。

2. 中介服务

（1）证券中介

巴西证券交易的中介活动，或在巴西开展的中介活动，包括通过互联网进行的，都要求中介机构成为巴西证券分销系统（SDS）的一部分，并在巴西证券管理中心登记。SDS 由负责或从事下列证券活动的机构组成：分销，为自己的账户购买及转售，调停（由中介人进行交易），证券交易所，组织场外市场，商品经纪、特别经营者及商品和期货交易所，以及结算和交收。

巴西证券发行的中介通常由证券经纪人进行，包括交易商、证券发行代理和其他金融机构，如经中央银行正式授权的多家商业和投资银行。

因此，希望在巴西进行证券中介的外国实体，除其他条件外，必须符合如下要求：

① 总部设在巴西（通过一家子公司），并获得中央银行的具体授权；

② 获得联邦政府（发展、工业和对外贸易部）的具体授权，以在巴西开展活动，除上述项目中提到的活动外，还需要在巴西设立分支机构；

③ 雇用一家属于巴西 SDS 授权的机构来开展这类活动。

（2）无须登记的授权活动

完全以巴西投资者为目标，在巴西境外提供证券交易的中介活动，并不违反巴西法律，不需要上述授权，条件是：客户预期活动完全在巴西境外进行，中介交易（如相关承销，证券的配售或买卖）不构成巴西证券的公开发行。

3. 证券分析

（1）分析活动

根据 CVM 第 483/2010 号条例，对向巴西公众披露的证券进行的分析受到 CVM 的监督。因此，打算在巴西从事这一工作的个人必须得到在 CVM 注册的自我管理实体的认证，该实体还将能够监测这些活动，并在违反条例规定的情况下评估处罚情况，或者判定该行为符合 CVM 先前批准的行为守则。认证的要求是：获得大学学位、通过经 CVM 批准的技术考试、无条件遵守行为守则。

（2）报告

分析报告有某些限制和强制性披露要求，包括：以明确的客观语言编写，区分对事实的解释；任命一名主要经认证的分析员编写报告；增加免责声明，提醒该分析载有个人意见，并独立发展；由分析团队的任何成员披露任何潜在利益冲突。证券分析员须在分销后的 3 天内向自律监管实体发送报告，并保存一份副本至少 5 年。

4. 资产管理

（1）介绍

根据 CVM 第 558/2015 号条例的规定，巴西境内第三方资产的资产管理受 CVM 的监督。因此，打算在巴西从事这一工作的个人或法律实体必须事先符合关于从业经验的某些要求从而得到 CVM 的授权。资产管理活动一般包括向投资于某些证券的第三方提供咨询意见，以及投资决定本身（购买和出售证券）。

（2）个体

在巴西管理资产的授权要求个人，除特殊情况外：是该国的居民；在巴西或国外拥有公认的学士学位；在认证考试中获得批准，该考试的方法和内容以前已得到 CVM 的批准。

在某些情况下，CVM 可对个人进行某些条件上的豁免：与学士学位有关的要求，在这种情况下，上述提及的从业经验必须是较长的期限，或认证考试的规定，只要该人能证明至少 7 年以上与证券投资基金资产管理活动直接相关的专业经验；相当多的资产管理知识。

（3）法律实体

法律实体的资产管理主要要求：

① 总部应设在巴西并且其章程或章程中有一项授权这一活动的规定；

② 为这种活动指定至少一名在 CVM 登记的个人；

③ 组建和维持适合该公司的人力和技术资源。

此外，必须在资产管理部门与法律实体的其他部门之间保持“长城”机制，以防止利益冲突。

（4）持续性义务

资产管理公司必须遵守的持续义务包括一般报告义务；管理下投资组合的特定条例或附则中具体规定的义务，这些义务因经理所针对的市场不同而有所不同。

资产管理公司还必须：至少保存与活动有关的文件 5 年（如果协议或行政诉讼另有要求，则保留一段额外的期限）；对用第三方资金进行的所有活动保密。

（四）投资基金

1. 基金概述

（1）介绍

巴西的投资基金（资金）的提供、交易和管理受 CVM 的监督和登记。基金是非公司机构，目的是通过资产管理人交易金融资产。

（2）经营业务

管理服务包括直接或间接与基金维持有关的服务，这些服务由资产管理公司或获正式授权的第三者提供。资产管理机构是基金交易的主要负责方，还被要求向股东提供影响基金活动的重要信息。管理服务包括基金投资组合的管理，投资咨询，证券金库、控制和处理活动，股票的分配，入账股票活动，保管，评级活动。第三方服务机构不是必须被雇用来提供管理服务，除上述服务外，该等服务要求经理必须获得特别授权。

（3）组织形式

根据基金的相关法律，基金可合并为：开放式基金，其中不允许自愿转让股份，但允许赎回股份；封闭式基金，在基金或股份类别届满后赎回，但一般允许自愿转让股份。

根据基金章程的规定，对于两种形式的股票的摊销都是允许的。

（4）股票配售

作为一个总体规则，基金发行的股份的配售需要有巴西 SDS 框架下的中介服务机构的支持，并且向投资者投寄基金的章程复印件以及招股说明书。封闭式基金发行的股份的配售也取决于事先在 CVM 登记，前提是在这种分配下，如果满足以上所详述的要求，就有可能获得自动豁免。

（5）分类和限制

投资组合是下列类型基金的基础：固定收益，股票，多市场，货币兑换。

证券监管还规定了一种新型的固定收益基金，名为“简易基金”，允许投资者以低风险投资为目标，降低成本。

此外，同样允许巴西基金投资外国证券，但有具体限制，具体取决于目标投资者和资产集中程度。

（6）专业投资者和适格投资者

针对合格投资者或专业投资者的基金一般有权实施灵活的结构，包括更高的集中度限制、用金融资产支付和赎回股票以及豁免设置招股说明书的义务。

（7）实质信息的披露

与基金投资政策和所涉风险有关的所有实质性信息必须列入招股说明书和基金章程，并在基金活动期间列入一份具体报告。

（8）章程

基金的主要公司文件是其附则，其中包含与其管理、投资政策、风险、期限和股份描述有关的信息。

2. 结构化基金

除上述规则外，金融管理中心还监督其他基金，其中一些基金如下所述，目的是作为某些交易的工具。

（1）私人主体投资基金（FIP）

根据 CVM 第 391/2003 号法规，FIP 是在封闭式基金框架下创建的，并设计用于股票、债券、认股权证和可转换的、可买卖的、可转换的、上市及非上市公司股票的权属、证券中至少投资 90% 金额的基金。在前述公司中，FIP 可以有效参与决策过程。FIP 投资者必须是合格投资者。证券法规还允许 FIP 在股东大会上事先获得股东批准后授予个人担保。

（2）房地产投资基金（FII）

经修订的第 8668/1993 号联邦法对金融机构管理的金融投资机构运作的非法人机构作出了规定。FII 是一种封闭式基金，将其大部分股权投资于房地产或相关权益。由于基金没有公司面纱，因此经理是标的资产的信托所有人，且与经理的资产分开。外国投资公司必须根据每年 6 月 30 日和 12 月 31 日的资产负债表向股东分配至少 95% 的利润。此外，FII 股东对 FII 投资的房地产和项目没有任何对物权，个人不承担与 FII 房地产或项目或其经理有关的任何法律或合同义务，但支付所有认购股份的义务除外。

（3）应收账款投资基金（FIDCs）

根据 CVM 第 356/2001 号条例，FIDCs 要么是封闭式基金，要么是开放式基金，将其 50% 以上的股权投资于已变现或即将变现的应收账款，由金融或商业交易（包括涉及房地产融资和服务的交易）提供支持。只有符合条件的投资者才有权认购或收购 FIDCs 发行的股票。此外，CVM 还提供了 FIDC 的一个子类型，称为非标准化应收款投资基金（FIDC-NP），仅针对专业投资者。FIDC-NP 有权投资于某些增加投资者承担的风险的应收款，如如下应收款：有待支付的款项；公共实体的付款；与正在进行的诉讼有关；其是否存在或转让给 FIDC-NP 可能会受到质疑；由破产或类似程序下的公司发起；尚未实现，面值不详；任何其他类型的应收款，不在 CVM 条例范围之内。

3. 金融票据

金融票据是银行、抵押贷款和房地产信贷公司及信贷、金融和投资公司为筹资目的而发行并在国家资本市场交易的信贷工具。在巴西中央银行授权的证券保存人和结算相关制度之前，对金融票据的发行和谈判是需要进行登记的。可以根据适用于任何其他证券的 CVM 法规（如 CVM 条例 400 和 476）进行金融票据的公开发行。每个金融票据必须具有最低面值 15 万巴西雷亚尔，在该票据作为次级债务的情况下，必须增加至 30 万巴西雷亚尔，且该发行必须持续至少两年（24 个月）。发行人在该最低发行期限内的任何高级赎回均被禁止。这种最低发行期限并不影响第 12249 号法律授予的回购许可，该许可允许发行金融机构回购至多 5% 的金融票据。如果此类财务票据持续两年以上，则该部分比例的融资票据必须持有在库存中。

4. 长期融资证券

为了加强长期融资的筹资机制，根据经修订的第 12431/2011 号法律，建立了提供实惠税收制度的特别证券，引入了特定证券作为长期项目融资的替代工具，并为个人、外国投资者、公司和符合其中规定的投资基金提供实益税收待遇。此类证券可概述如下：

一是投资项目证券，包括证券化交易中的典型证券：不动产应收账款证书；作为封闭式基金注册的金融发展公司发行的股票，这些股份从非金融机构获得应收款。

二是为联邦政府确定为优先事项的投资项目提供资金的证券（共同称为 PPS 的优先项目证券），发行期限至 2020 年 12 月 31 日，包括优先项目债券（包括基础设施债券）；被金融投资委员会认定作为封闭式基金注册的发行的股份；不动产应收款证明。根据有关监督当局颁布的条例，认为有必要事先具体授权发放 PPS。

三是被授权投资于证券的投资基金，以资助联邦政府确定为优先事项的投资项目。

5. 应收账款权属书

应收账款凭证主要用于为特定行业提供资金，主要是房地产和农业相关企业。房地产支持证券，称为“房地产—应收账款证书”（CRIs），是根据第 9514/1997 号法律创建的，是一项可强制执行的承诺，以现金支付与房地产业务有关的信贷。与发放贷款有关的最常见资产是巴西房地产融资系统（SFI）动产抵押购销合同产生的信贷、租赁合同信贷（建造—对地），或源于地权契约的信贷。经修正的 CVM 第 414/2004 号条例适用于 CRIs 的发行和公开发行。农业综合企业支持证券，被称为“农业综合企业—应收账款证书”（CRAs），是根据第 11076/2004 号法律创建的，代表了以现金支付与农业企业有关的信贷的可执行承诺。CRI 条例的适用性，包括第 9514/1997 号法律和 CVM 条例的适用范围扩大到 CRA。

在证券化专用工具中，证券化公司与 FIDCs 一起占据着突出的地位。证券化公司是一家非金融组织，该组织为一家公司，并在 CVM 注册（为此原因，它被归类为一家公开持有的公司），其具体目的是获取应收账款和发行资产支持证券。一家单一的证券化公司可以完成（实际上通常是这样）一次以上的证券化交易，每一笔交易都由不同的应收账款组作为后盾。为了避免独立交易之间的风险牵连，证券化公司可以将与不同发行有关的每一套应收款分离成不同的股票，在信托制度下进行管理。

七、劳动方面

巴西劳动制度最重要的特点之一是法律对劳动 / 管理关系的细节作出了比其他国家更大程度的规定。此外，巴西的集体谈判观念也非常强烈。

（一）《巴西劳动法》

大多数雇员权利是在《巴西劳动法》（CLT）中汇编的。巴西雇员的基本劳动权利如下。

（1）正常工作时间的法定限制

巴西的立法规定，巴西的工作时间每周只限于 44 个小时或每天 8 个小时（《联邦宪法》第 7 条、第 8 条），除非另有规定或与有关工会订立的协定另有规定。

（2）休假

在每 12 个月的工作期间结束后，雇员有权享受多达 30 个日历日的带薪假期，外加相当于该数额三分之一的额外报酬。

（3）最低工资

巴西的雇员有权获得强制性的联邦最低月工资，每年由巴西政府调整（目前为 880 巴西雷亚尔）。一些巴西州还规定了区域最低工资，必须由在巴西开展活动的公司遵守。此外，集体谈判协议还可以规定最低工资，如果工资高于联邦 / 州的最低工资，也应当予以承认。

（4）第 13 期工资

巴西雇员有权获得称为第 13 期工资的年度满足感，通常在年底支付，按当年每个月收入的 1/12 计算。雇主应在与第 13 期工资有关的同一年的 2—11 月预支第 13 期工资的 50%，除非雇员要求在与第 13 期工资有关的日历年的 1 月，连同他 / 她的假期提前支付第 13 期工资。

（5）利润 / 成果分配

巴西的雇员有权根据第 10101/2000 号联邦法律，通过雇主、雇员和工人工会之间谈判达成的具体方案，参与公司的利润 / 成果分享计划。

（6）逾期支付

巴西的雇员有权领取加班费，额外津贴至少为每小时工资的 50%；星期日和节假日加班，经批准后，必须领取至少每小时工资 100% 的额外津贴。适用的集体谈判协议可规定较高的加班费。

（7）产假

巴西雇员有权享受 120 天带薪产假（雇主支付的数额由社会保障缴款抵销）。第 11770/2008 号法律规定，雇主可将产假再延长两个月，条件是雇主在这一额外期间支付雇员的工资，并且雇员已加入联邦政府的一个名为“Empresa Cese”的方案。给予雇员这一福利的雇主有权享受税收优惠。

（8）陪产假

巴西雇员有权享受 5 天陪产假。第 13257/2016 号法律规定，雇主可将陪产假再延长 15 天（总计 20 天），条件是雇主在这一额外期间支付雇员的工资，且雇员已加入适用于产假的“Empresa Cese”方案。给予雇员这一福利的雇主有权享受税收优惠。

（9）事先通知期

在无因由解雇的情况下，雇主必须事先给予雇员 30 天的解雇通知，在公司完成工作的每一年加上 3 天，以总共 90 天为限。

（10）每周带薪休假

巴西的雇员有权享受每周工作的 24 小时休息时间，最好是星期日。有些经济活动是依法授权在星期日工作的。如果符合某些要求，劳动部或工会也可以批准这一授权。

（二）其他捐款或费用

公司还须缴纳下列社会保险或费用。

1. 社会保障（国家社保研究所）

公司必须向国家统计局支付 20%~31.8% 的工资；此外，雇员每月收入的 8%~11% 是从工资中扣除并由公司扣留的，但须遵守法律规定的限制。支付某些劳动密集型服务（如外包、建筑）须按发票总额征收 11% 的预扣税。预扣缴的款项可抵减服务提供者须缴付的社会保障税。

2. 失业储蓄基金（FGTS）

每月，雇主必须将相当于雇员月收入 8% 的金额纳入雇员失业储蓄基金，存入联邦储蓄银行的一个冻结账户。如果雇员在没有任何理由的情况下被解雇，该雇员有权提取在他（她）受雇于公司期间存入 FGTS 账户的存款。如雇主主动终止合约，雇主也须缴付存入雇员户头的总款额的 50% 的罚款。在这 50% 中，40% 归雇员所有，10% 归政府所有。雇员还可以在退休时或在法律规定的特定情况下领取养恤基金。

巴西终止雇佣合同的强制性遣散费因终止合同的类型而有所不同，具体如下。

（1）雇主主动无缘由解雇

① 事先通知（同一公司每完成一年的服务，30 天加 3 天，最多提前 90 天）；

② 终止月份的工资余额；

③ 未使用的带薪休假所涉薪酬加三分之一的工资；

④ 按比例休假所涉薪酬并加付三分之一的工资；

⑤ 第 13 期薪金（或按比例计算的第 13 份薪金，视终止日期而定）；

⑥ FGTS 存款：在终止月份存入员工冻结账户相当于员工工资的 8% 的资金，提前通知和支付第 13 期工资；

⑦ 按存入职工 FGTS 账户的金额，处以罚款 50%；

⑧ 集体谈判协议规定的与终止有关的其他劳动权利；

⑨ 与员工约定的任何其他报酬或福利。

如果员工在通知期内不需要工作，则必须在通知解雇通知之日起 10 日内支付上述款项。如果员工在通知期内需要工作，则必须在员工最后一天工作后的第一个工作日支付终止费。

（2）按雇主的倡议因故终止

① 终止月份的工资余额；

② 带薪假期所涉薪酬加额外的三分之一付款；

③ FGTS 存款：在终止月份存入雇员账户（相当于雇员工资的 8%）。

《巴西劳动法》第 482 条规定了允许有理由解雇的情况。这种情况使雇主有权立即终止雇员的雇用，无须通知，也不支付代通知金。

（3）因雇员辞职而终止劳动关系

① 终止月份的工资余额；

② 第 13 期薪金（或按终止日期而定的按比例评定的第 13 期薪金）；

③ 已赚取的假期加额外的三分之一付款；

④ 比例假期所涉薪酬加额外的三分之一付款；

⑤ FGTS 存款：在解雇月份存入雇员账户（相当于雇员工资的 8%），以及前述的第 13 期工资。

（4）因雇主的严重过失而导致的推定解雇（间接解雇）辞职

如果雇员认为他或她的雇主违反了雇佣合同，他或她可以雇主的过错为由要求间接终止其雇佣合同。在这种情况下，雇员必须要求劳工法院下达命令，承认间接解雇，并命令雇主支付在终止雇佣合同时应支付的所有款项，以及可能导致间接解雇的任何其他未付款项，如以前未付的工资。

（5）大规模终止劳动关系

巴西法律没有任何规定，要求公司在大规模终止劳动关系的情况下采取具体程序。尽管如此，根据巴西劳工法院的常态化决定，必须在有效发生大规模裁员之前与工会谈判一个额外的终止条件包，这种谈判常常置于被解雇方的痛苦及公司被迫与工会谈判的痛苦之下。为此目的，法院理解大规模裁员即集体解除劳动关系并最终将导致职工规模的大幅缩减。该等缩减同时从比例、公司雇员总数或某些机构雇员总数 3 个层面大幅降低，但是对至少要裁员多少才能被认定为大规模终止劳动关系却没有明确定义。鉴于上述情况，建议逐案分析。

八、签证和个人所得税

目前，巴西当局维持着保护巴西工人和巴西经济的移民政策。劳工部必须事先批准与在巴西工作的外国人签订的合同，随后外交部通过巴西领事馆签发签证。司法部和国家移民委员会有时也参与其中。允许外国人在巴西工作的签证包括永久签证；“第五类”临时签证，基于与巴西公司签订的雇佣协议（有效期最长为 2 年，可在此期间后转为永久签证）；技术签证——90 天（每 180 天只能发放一次签证）；技术签证（有效期为 1 年，可延长 1 年）。

（一）永久签证

通常向从外国公司转到巴西作为在其子公司或附属公司工作的高级管理人员或董事的外国人，或向外国投资者发放永久签证。

外国人将在其中担任董事或高级管理人员职务的巴西公司必须证明：

（1）外国关联公司为被任命担任该公司董事或高级管理人员职务的每一名外国公民至少向巴西公司的股本投资 60 万巴西雷亚尔；

（2）该外国关联公司已为每名获委任担任该公司董事或高级人员的外国公民，至少投资 15 万巴西雷亚尔进入巴西公司的股本。在这种情况下，巴西公司还必须在外国董事或高管受雇于巴西后的两年内创造10个新的工作岗位。

此外，外国人还可以通过在其为公司合伙人的巴西公司投资获得永久签证。在这种情况下，外国人必须将其个人资源中至少 15 万巴西雷亚尔投资于巴西公司的股本，或更低的数额，这取决于某些要求的满足情况，如创造的工作岗位数量、投资所在国家和经济部门的区域、技术转让等。与巴西有国际协定的一些国家的公民为了满足这一要求，可以进行较低的投资并根据这一签证政策获得永久签证。在这类情况下，移民局不要求外国人与巴西公司签订雇佣合同。

（二）“第五类”临时签证，与巴西公司签订雇佣合同

在与巴西公司签订雇佣合同的情况下，可以向在巴西工作的外国人发放最多两年的临时签证。为了获得这一签证，外国人必须证明有在巴西专业的工作经验。此后，临时签证持有人可申请将他（她）的签证转变为永久签证，

只要符合所有法律条件。

（三）技术签证——90 天，非与巴西公司签订雇佣合同

这种签证通常是发给被临时派往巴西的外国人，以提供技术支持或技术转让服务。要获得批准，必须满足以下要求：

（1）不允许外国人从巴西公司获得任何报酬；

（2）该公司必须证明该外国人在此类活动中至少有 3 年的专业经验；

（3）该公司必须证明它将向该外国工人提供在他（她）留在巴西期间的健康保险。

（四）技术签证——可续期一年，非签订雇佣合同

该签证还发放给被临时派往巴西的外国人，以提供技术支持或技术转让服务。这一签证与前一签证的主要区别基本上是该国提供服务的时间长短。根据这类签证框架要求，巴西公司需要向移民当局提交两家公司之间执行的协议和巴西团队的培训方案，以便证明签证期限较长。

（五）来自南方共同市场国家（巴西、阿根廷、乌拉圭和巴拉圭）、智利、秘鲁、玻利维亚、厄瓜多尔和哥伦比亚的公民

由于南方共同市场国家（巴西、阿根廷、乌拉圭和巴拉圭）、智利、秘鲁、玻利维亚、厄瓜多尔和哥伦比亚之间达成了一项协议，这些国家的公民可以获得在其中任何国家居住的许可证，因此享有与其居住国国民相同的权利，包括工作权。从这个意义上说，上述打算在巴西生活和工作的国家的公民不需要工作签证，而是需要在巴西工作的居留证。该许可证有效期为 2 年，如在有效期届满前 90 天内被要求延期，则可成为永久许可证。

（六）个人所得税

持有永久签证或临时签证并与巴西公司签订就业合同的外国人抵达巴西后，即被视为纳税人，须遵守适用于巴西其他居民的相同所得税法。作为在巴西的纳税人，他（她）的全球收入将受到巴西所得税的影响。在满足某些条件的情况下，可对在其他国家缴纳的所得税给予税收抵免。

九、商业运作税费

巴西的税收是一个庞大而复杂的领域，包括许多联邦、州和市政税收。主要税种如下：

联邦税：企业所得税（IRPJ）、进口税、出口税、制成品税（IPI）、金融交易税（IOF）、社会净利润税（CSLL）、社会融合计划税费（PIS）、财政社保税（COFINS）及经济干预税费（CIDE）。

州税：货物和服务流通销售税（ICMS）、车辆所有权税（IPVA）、捐赠和遗赠税。

地方税：服务税（ISS）、房地产交易税及财产税（IPTU）。

（一）联邦税

1. 企业所得税（IRPJ）

应纳税利润按 15% 的基本税率征收，并对每月超过 2 万巴西雷亚尔的应纳税利润附加 10% 的税率。计算应税利润的方法基本上有两种：

（1）实际利润基础（一种根据会计结果计算应纳税额的方法，其中包括转让定价和资本调整）；

（2）推定利润基础（一种根据总收入百分比计算应纳税利润的方法）。

年收入总额超过 7000 万巴西雷亚尔的公司和法律要求的必须根据季度或年度资产负债表计算实际利润的其他公司，不允许根据假定的利润来计算这一税。

如果税收是以季度资产负债表为基础的，则纳税将是确定的，所有计算年度利润的规则都将适用于这类季度利润（利率、添加、备抵、抵销损失等）。在这种情况下，所得税可以分三个相等的、连续的、每月的分期付款支付，也可以在季度后的一个月分期付款。

如果公司选择根据年度利润（最常见和普遍采用的制度）支付，这些利润将从12月编制的损益表中计算，涵盖整个历年的收益，但税款必须每月预缴。如果纳税人有会计证据证明预缴价值超过根据实际利润计算的税额，则可以降低或暂停每月预缴税款。每个月缴纳的税款必须在下个月的最后一个营业日前缴纳。

2. 进口税

进口税是根据南方共同市场关税表（TEC）中以不同税率征收的进口货物的关税价值，该表以世界海关组织的统一制度为基础。进口货物的海关价值是根据世界贸易组织的《海关估价协定》确定的。一般来说，海关价值相当于进口货物的发票价值，加上国际货运和保险费用。巴西已与几乎所有拉丁美洲国家签订了优惠贸易协定，因此，从这些国家进口的产品可从减少或免除进口关税中获益。从南方共同市场其他成员国进口的货物是免税的，只要进口物品有其中一个国家的原产地证书就可以。

3. 出口税

只有少数产品要缴纳出口税，例如，生皮和牛（包括水牛）、马、羊或羊皮；含烟草的香烟（出口到加勒比、中美洲和南美洲时）；武器和弹药［出口到南美洲时，阿根廷、智利、厄瓜多尔和中美洲（包括加勒比群岛）除外］。

出口税是根据货物的出口价格计算的。

4. 制成品税（IPI）

制成品税类似于消费税。该税适用于大多数制成品，无论是巴西制造的还是进口的。虽然 IPI 最终被传递给最终的消费者，但它是由独立制造商的每个生产步骤或阶段负责的。IPI 通常是从价征收的，费率是根据产品类型计算的。IPI 是一种增值税，是对在购买或进口待征税产品的生产过程中使用的原材料和部件或对进口产品转售时所支付的税款，准予税收抵免。就进口产品而言，IPI 按海关价值计算，加上进口税。积累了 3 个月的 IPI 信用余额的纳税人（关于投入）可以要求巴西联邦税务局以现金偿还累计金额，或将其用于抵销其他联邦税。

5. 金融贸易税（IOF）

IOF 适用于一般金融交易 [涉及外汇、证券、信贷、黄金和（或）保险的交易]。IOF 税率因应纳税交易的性质而异。

6. 社会净利润税（CSLL）

对每月或每年计算的调整后净收入（取决于纳税人的所得税选项）一般按 9% 的税率缴纳，不能从所得税中扣除。虽然这一税基与公司所得税的基础相似，但计算 CSLL 应纳税基础的调整有时是不同的。

7. 社会融合计划税费（PIS）

从1998年开始，对销售货物、提供服务或第三方账户交易结果的总收入征收这一税，税率为0.65%。1999年2月，与不结盟运动联合会一样，税基扩大到包括所有总收入（包括财政收入、各种汇率收入等）。2009年，非累加制下的纳税人应纳税基础基本降至销售商品或提供服务的总收入范围。最近，法律还将其他业务收入列入税基。为了确定PIS，总收入不包括取消的销售或服务及无条件的折扣，以及法律规定的其他数额。

截至2002年12月，适用于大多数根据实际利润计算企业所得税的公司的个人所得税税率从0.65%提高到1.65%。此外，这一贡献变成了一种非累加税，允许纳税人扣除法律确定的具体成本和支出的1.65%（用于制造货物的投入、在法律实体的场所使用电力等）。一些经济部门、根据推定利润计算企业所得税的公司以及特定类型的收入仍须遵守投资支持缴款累积制度，税率为0.65%。

8. 财政社保税（COFINS）

自1998年起，对销售货物、提供服务或第三方账户[①]交易结果的总收入按3%的税率征税。1999年2月，应纳税基础扩大到包括所有总收入（包括财政收入、来自不同汇率的收入等），但2009年应纳税基础再次降低，仅包括销售货物、提供服务或第三方账户交易结果的总收入。为了确定COFINS，总收入不包括取消的销售或服务及无条件折扣，以及法律规定的其他数额。

截至2004年2月，适用于大多数按实际利润计算企业所得税的公司的COFINS税率从3%提高到7.6%。此外，这一缴费变成了一种非累加税，允许纳税人扣除法律确定的具体成本和支出的7.6%（用于制造货物的投入、在法律实体的场所使用电力等）。一些经济部门、根据假定利润计算企业所得税的公司及特定类型的收入，仍须以3%的累积税率接受COFINS税收体系的约束。

① 注意，2013年11月12日公布了第627号临时措施（议定书第627号），其中包括收入毛额的概念，用于PIS和COFINS的计算基础，即法律实体主要活动产生的收入。虽然第627号议定书在2014年5月14日已经成为法律（第12973/2014号法律），但其声称该更新实际于2015年1月1日生效（除非有纳税人的酌处权，可以选择在2014年1月1日预见这一变更）。

9. 经济干预税费（CIDE）

根据《联邦宪法》，政府为经济领域的干预设置了若干税费：通用电信服务基金缴费；海外汇款特许权使用费和支付服务缴费；对汽油、石油产品、天然气及其副产品、乙醇和乙醇燃料的进口和销售缴费；电影工业发展缴费；电信技术发展基金缴费。

对特定交易和经济部门征收这些费用，其费率和计算依据因案件而异。

（二）州税务

1. 货物和服务流通销售税（ICMS）

ICMS 是一种增值税。在货物离开营业场所时，对进口和国内产品征收税款。每笔交易应支付的 ICMS 是根据所售产品的价格计算的，ICMS 在购买或进口产品时支付的税款抵免与 IPI 一样。目前，圣保罗的运输服务的普通费率为 12%，在州内进口、销售或转让的产品为 18%，通信服务为 25%，其他费率也可能根据交易发生的特定产品、服务或状态而适用。州际交易的税率也可能不同：进口产品或进口含量超过 40% 的产品的税率为 4%（这一规则不适用于在巴西没有类似产品的产品，也不适用于该产品是根据基本的生产工艺在巴西制造的情况）。在其他情况下，它们通常是 12%，但也可以降至 7%，这取决于目的地国。基本规律如下：国家越发达，比率就越高。涉及非纳税人（未参与商品贸易的个人或实体）的产品的州际交易也可能会触发支付 ICMS 的金额，这是产品被运往的州间费率和内部费率的差异造成的。ICMS 还适用于州际和市际运输服务和通信服务。

对于某些产品，ICMS 应根据税收替代制度（ICMS/ST）办理，在这种情况下，应立即根据政府确定的适用于未来应税事件的估计价值（通常由制造商或进口商）对产品的整个商业链征收应税。作为一项规则，这一制度是通过巴西所有州和联邦区签署的州协议实施的，并在整个巴西领土上有效（除非有一个或多个州决定不在其领土内执行该规则），或通过两个或两个以上州签署的具体议定书进行。在后一种情况下，该制度只对位于每个签字州领土内的纳税人有效。然而，在某些情况下，一个州可以通过州法律实施 ICMS/ST 系统，适用于在其领土内进行的交易或向其境内的纳税人运送的产品。

2. 捐赠和遗赠税（ITCMD）

捐赠和遗赠税是对法律或遗嘱继承和（或）捐赠而产生的个人资产或权利的转让征收的。利率从转让资产或权利的公平市场价值的 1%~8% 不等，视情况而定。

（三）地方税

1. 服务税（ISS）

ISS 是对第 116/2003 号补充法所列所有服务征收的市政税，但通过 ICMS 须对国家征税的服务除外。税率从 2%~5% 不等，视市政当局的情况而定。

2. 房地产交易税

房地产交易税是对财产转让的累进税率进行评估的，这一税率取决于所有转让的财产价值是否具有任何性质，但对资本存量的征收除外。

3. 财产税

财产税是每年征收的市政税，通常按房地产估价的 1% 税率征收，税率因市而异。值得一提的是，正在进行的税收改革可能会改变巴西税法的几个方面。

十、对外贸易

（一）海关系统

发展、工业和对外贸易部（MDIC）是一个联邦实体，是负责制定巴西对外贸易政策的政府机构。它通过其外贸司（DECEX）运行 SISCOMEX，这是一个用于所有进出口交易的电子外贸系统。DECEX 还控制着外贸业务的商业方面，其活动包括分析进口许可证和管理特别退税制度。联邦税务局（RFB）是负责海关管制的主要政府机构，主要负责清关程序和关税的征收。根据区域预算，海关活动由海关管理局（COANA）协调管理。进口货物如符合进口许可证要求，可在清关过程中接受其他政府机构的检查。负责进口许可证活动的主要政府机构是卫生部、国家卫生监督局（ANVISA）和农业、畜牧和粮食供应部（MAPA）。注意，巴西海关当局要求严格遵守海关条例，即使是正式或轻微的无意错误也可能导致对严厉处罚的评估。

（二）进口商品

1. 装船前

（1）进口商、出口商资格

在从事对外贸易之前，巴西公司必须符合 RFB 的进出口商资格。进出口商可以使用 SISCOMEX。为了符合进口商 / 出口商的资格，公司必须以有限的、无限的或快速的模式向 RADAR 提交申请。RADAR 是 RFB 的内部电子系统，其中公司的海关和税务信息都是在其中注册的。该系统用于外贸风险管理。要求在 RADAR 系统中登记公司的正式理由是：保证从事进出口交易的公司有能力在违规时支付罚款；防止空壳公司代表隐藏公司进行进出口交易。

当公司申请在 RADAR 系统中注册时，海关当局通常评估其财务能力。在过去 5 年中，公司的财务能力首先根据其所得税和社会贡献的支付进行评估，海关当局假设公司的财务能力相当于此类付款之和。如果公司的估计财务能力高于 5 万美元且低于 15 万美元，则该公司获得有限的注册，允许其在每 6 个月内将进口限制为 15 万美元，并出口任何价值货物。一家新公司（在前几年没有纳税）将一直获得一个有限登记。在获得有限登记后，公司可通过提供证据证明其银行账户上的资金超过 15 万美元，可要求修订其估计的财务能力。鉴于这种证据，该公司将获得一个无限制注册，其估计的财务能力将增加到其银行账户中发现的金额。

无限登记允许公司进口任何价值的货物。然而，如果某一公司在任何 6 个月内进口的货物的总价值超过其估计的财务能力、法律规定，该公司所从事的进口业务可以选择进入灰色通道。根据上述渠道，海关当局将进行特别检查，以核实该公司资金的来源。这一特别检查程序通常需要 6 个多月才能完成，在此期间，进口货物不能从海关办理清关手续。

允许下列公司申请快速登记，在这种情况下，当局将不评估申请人的财务能力，允许该公司进行任何价值的进出口：作为上市公司注册的公司，其股票在公开市场（证券交易所）交易；符合蓝线方案资格的公司（巴西版的世界海关组织“经授权的经济经营者”方案）；国有公司和公私共有公司；政府机构和国际组织；无出口价值限制而且每 6 个月进口总额价值低于或等于5万美元的货物的公司；经正式授权可享受2016年奥运会和残奥会货物进口的税收优惠的公司。

RFB规范指示第1603/20155号规定[①]了符合进口商/出口商资格的程序和替代品。请注意，公司的负责人在RFB程序中可以直接进入SISCOMEX系统并记录进出口业务。另一种选择是报告公司雇员或海关经纪人的个人纳税人登记号码，后者可利用该系统报告运作情况。

（2）进口商品税收分类

作为一般规则，在进口货物之前，进口商必须在南方共同市场共同名称（NCM）中对其进行分类。进口许可证要求、进口税和IPI费率是根据NCM中进口货物的分类来确定的。

NCM是以世界海关组织（海关组织）的统一制度（HS）为基础的八位数字命名。因此，NCM的前六位与任何其他以HS为基础的名称的前六位数相等。

NCM机制中的货物分类是根据“统一制度解释通则”和“统一制度解释性说明”进行的。如果对NCM中的货物分类有疑问，进口商可以向RFB提出裁决请求。RFB规范性指令第740/2007号[②]中提供了此请求要求。

（3）进口执照要求

在授权将货物运至国外之前，巴西进口商必须核实SISCOMEX中的进口许可要求，该要求根据进口类型和NCM中的进口货物分类确定。

一般来说，进口不受任何进口许可的限制。如果需要进口许可证，许可证有两类，一类是自动授予的，前提是有在SISCOMEX（货物到达后）的运营登记；另一类是非自动授予的（运营登记取决于货物在外国进口货物装船之前的许可内容）。

关于进口许可证的一般规则见《出口商品交易法》第23/2011号条例[③]。

2. 入境手续

（1）概述

进口操作必须在SISCOMEX中登记的进口声明予以报告。该报关单必须

① RFB规范指导1603/2015。

② 规范指令740，2007年5月2日（receita.fazenda.gov.br）。

③ SECEX规范23/2011。

列出货物的海关价值、NCM 中的相应分类以及有关进口操作的其他信息。关税由系统计算并在线从进口商的银行账户转移到国库。

在 SISCOMEX 报告这一业务之后，进口商必须向海关当局提供支持这一业务的文件（商业发票、提单、装箱单和原产地证书，如果适用），然后货物会被选择适用通关渠道之一。

下列渠道为进口而设置：

不经进一步检验而放行货品的绿色通道；

黄色通道，检查文件，如没有发现问题，则放行货物；

红色通道，检查文件及货物，如没有发现问题，则发还货物；

将货物提交特别审查程序的灰色通道，重点是海关估价。如果没有发现任何问题，货物就会被放行。

巴西海关规定[①] 和 RFB 规范指令第 680/2006 号[②] 详细规定了进口清关程序。

（2）间接进口

巴西公司可以直接或间接（通过其他公司）进口货物。货物可在下列情况下直接进口：进口应作为进口商固定资产入账的货物；进口用于进口商生产产品的货物；进口将由进口商分销给客户的货物。

巴西立法规定了通过其他公司进口货物的两种结构：代表另一家公司进口及进口其他公司预先订购的货物。

当代表另一家公司进口时，进口商只是负责清关的服务提供商，并没有取得进口货物的所有权。进口货物的买方可以向进口商预付资金，以支付进口关税、关税等，并直接向出口商支付。另外，当在进口货物之前由第三方预先订购货物时，进口商获得货物的所有权。预先订购进口的公司不得预付资金，以支付进口关税、关税等。进口商将支付出口商。在这两种情况下，有必要在海关当局申报在首次进口前公司之间签订的合同（代表其他公司进口的服务协议，以及在其他公司预先订购的进口情况下的购买和销售协议）。所有公司必须适用于 RADAR 系统，并将被视为进口商 / 出口商。上面提到的货物进口的每个不同结构都有不同的税收待遇。

① 2009 年 2 月 5 日第 6759 号法令第 542 款至第 579 款（planalto.gov.br）。

② 2006 年 10 月 2 日 RFB 规范指引第 680 号（receita.fazenda.gov.br）。

（3）经授权的经济运营商

世界海关组织（WCO）框架是 WCO 对恐怖主义威胁的反应。它的目标是加强国际供应链安全，促进货物的流动。这一目标将通过加强进口国和出口国海关当局之间及海关管理部门与企业之间的合作来实现。

海关和企业之间的伙伴关系包括向符合最低供应链安全标准和最佳做法的公司提供福利，如通过降低检查率加快海关对货物的处理。这些公司在 WCO 框架内被称为授权经济经营者（OEA）。这些好处转化为节省了公司的时间和成本，使海关当局能够把重点放在其他公司的业务上。根据该框架，每个海关当局必须制定自己的方案，与私营部门建立这种伙伴关系。

巴西公司可以获得三种不同的关于该项目的资格：安全性、一致性（1 级和 2 级）和完整性。为了颁发认可文件，对每种类型的货物采用不同的标准，从控制货物单位的责任到其会计制度的可靠性不等。获得资格后的好处是可以通过降低检查率，加快海关对货物的处理。这一制度由普通规范指令第 1595/2015 号加以规范。应当注意的是，目前被经授权的经济经营者制度取代的“蓝线”和先前在“蓝线”中有资格的进口商暂时被定性为“完全符合标准”。

3. 进口义务、税务和费用

作为一般规则，进口到巴西的货物须缴纳下列税款，进口人在登记进口申报书时必须缴纳这些税款：

（1）进口税（II）：按不同税率征收进口货物的关税价值，视商品在南方共同市场中的分类而定；

（2）成品税（IPI）：按进口货物的海关价值加征进口税，税率也随着商品在商品中的分类而变化；

（3）州内增值税（ICMS）：按进口货物的海关价值，独立于第二类别税、IPI 税和 PIS/COFINS 税；

（4）PIS/COFINS[①]——进口税：按进口货物的海关价值征收的税款，通常以货物的 11.75% 税率征收，而有些货品则受不同税率的影响；

（5）航运翻新运费（AFRMM）：按国际海运费用的 25% 征收。

① 2015 年 6 月 22 日，法律第 13137/2015 号将 PIS/COFINS 率从 9.25% 提高到 11.75%。该改动于 2015 年 5 月 1 日生效。

进口货物的海关价值是根据世界贸易组织《海关估价协定》的规定确定的。该协定规定，一般情况下，海关价值是交易价值。如果不能使用交易价值，将适用《海关估价协定》提供的其他估价方法。请注意，根据巴西的立法，国际保险和国际货运费用包括在进口货物的海关价值中。ICMS 作为一种对当地销售和进口业务所征收的州税，它的费率根据发生该事件的状态、正在出售或进口的货物以及所执行的操作类型而有所不同。一般情况下，IPI 和 ICMS 是可抵免税种。这意味着，一般情况下，以往交易中支付的款额可从以后的交易应缴税款中抵销。如果进口商在非累积制度下负担对当地交易的 PIS/COFFINS 税务，则 PIS/COFFINS——进口税既是可以抵免的，也可以是间接进口。

4. 税收激励

（1）“关税前”制度（Ex tarifário）

资本货品，如机械及设备、信息及电信货品，如没有在本地生产同类产品，则可获调低进口税率至 2%。这一削减只能适用于南方共同市场关税表（资本货物）和双边投资条约（信息和电信货物）中标明的关税代码中所列的货物。它是通过设立一个例外给予该公司的。进口方必须在进口前向发展、工业和外贸部生产发展秘书提出这一削减的申请。特例获批准后，有效期为两年，进口商进口特定范围内货物的，均能从减征进口税率中获得该优惠利益。

（2）豁免

特别关税方案是在以下情况下实行的一种出口奖励：

① 暂停：进口品是在暂停进口关税的情况下进口的，这些进口品必须用于制造以后必须出口的货物；

② 豁免：利益相关的公司表明，它已通过定期税收进口投入，并利用这些投入制造已经出口的货物，允许该公司进口与以前进口产品相同数量和质量的免税进口品；

③ 退款：与豁免选项一样，利益关联的公司表明它在定期常态化缴纳税款的情况下进口货物，并利用这些进口品生产已经出口的货物。本公司对进口产品免征进口关税。

该方案的前两种选择（暂停和豁免）由外贸秘书处管理。这是巴西公司最常用的选择。第三种选择是退款，由联邦税务局管理，由于需要更多的监管，目前没有使用。利益相关的公司必须在进口货物、暂停或免除关税之前提出特殊的豁免程序。为了获得这种出口激励，需要出口货物中当地出产的货物占有一定百分比（约为 60%）。

（3）特殊的工业仓库计划（RECOF-SPED）

巴西公司可能会受益于特殊的工业仓库计划，该计划允许进口和在当地购买投入品，并暂停征税。这些进口物品必须主要用于可出口或在当地市场销售的产品的工业化。为了从中受益，公司必须拥有至少 1000 万巴西雷亚尔的净资产。该计划由 RFB 规范指引第 1612/2016 号规制[①]。

（4）Manaus 自由贸易区（ZFM）

建立自由贸易区是为了吸引工业和贸易进入亚马逊地区。所有进口货物，只要是在自由贸易区内消费或出口到国外，都可以免税。向巴西其他地区销售或转让这些货物导致在进口时暂停支付关税。从巴西其他地区向自由贸易区的销售被视为出口产品。此外，拥有由 SUFRAMA（该自由贸易区的监管机构）批准的工业项目，并执行 SUFRAMA 要求且在相应 PPB（基本生产工艺）中建立最低生产操作的公司，可将制成品出售给巴西其他地区，在进口有关货物时触发进口关税降低 88%。除较低的进口税外，这些销售也免征 IPI 税，并受益于较低的 PIS 税率和 COFINS 社会税务。上述福利有效期至 2073 年 5 月 10 日。在自由贸易区内设立的公司也可从公司所得税（免税额）在 10 期限内降低 75% 内所得税征收。这一福利是由 SUDAM（亚马逊开发主管机构）提供的。这些税收优惠也适用于西亚马逊州的某些特定地区，这些地区包括 Acre 州、Amazonas 州、Amapá 州和 Rondônia 州和 Roraima 州。

（三）地区贸易协定

巴西是拉丁美洲联盟（ALADI）的成员国之一[②]，这是 1980 年通过的《蒙得维的亚条约》制定的，目的是“促进整个区域的经济和社会发展、和谐与平衡”（1980 年《蒙得维的亚条约》序言）。作为一个 ALADI 成员，巴西向其他成员国出口的所有商品都享有最低关税优惠，称为区域关税优惠。此外，

① RFB 规范指引 1612/2016 号（receita.fazenda.gov.br）。

② 当前 ALADI 的成员：初始成员为阿根廷、玻利维亚、巴西、智利、哥伦比亚、古巴、厄瓜多尔、墨西哥、巴拉圭、秘鲁、乌拉圭和委内瑞拉；其余成员为古巴、尼加拉瓜和巴拿马。

巴西还与若干成员国签订了所谓的《经济互助协定》（ACE），其中就更高的关税优惠进行了谈判。

巴西还于1991年3月26日在巴拉圭亚松森签署了《南方共同市场条约》，该条约旨在建立巴西、阿根廷、巴拉圭和乌拉圭之间的共同市场。智利、玻利维亚（自1996年以来）、秘鲁（2003年）、哥伦比亚和厄瓜多尔（2004年）是合作成员，委内瑞拉是自2012年8月以来的正式成员。经济互助协定目标是在整个南方共同市场和所有合作成员之间建立自由贸易区。

自1995年1月1日以来，南方共同市场成员国之间没有关税壁垒，这意味着原产于一个成员国、在其他国家销售的产品不受关税限制。此外，还成立了海关联盟，自1995年1月1日起生效。为了防止贸易中的现金流偏差，他们建立了一个共同的外部关税（TEC）。

预计TEC将成为南方共同市场整合过程的基石。该关税将涵盖从非南方共同市场成员国进口的大多数产品，但在各自国家被视为“敏感”的产品除外，如巴西的资本资产、信息技术和电信。

2009年，南方共同市场与南非海关联盟（SACU）签署了贸易优惠协议。同样在2009年，南方共同市场和印度签署了一项固定关税优惠协议，该协议于2009年6月由巴西颁布。该协议目前正在扩大，巴西政府甚至在2013年发起了一次公共协商，以将利益与私营部门联系起来。

巴西作为南方共同市场的成员国，与非南方共同市场成员以色列签署了第一份自由贸易协定。它还与埃及签署了自由贸易协定，与巴勒斯坦签署了自由贸易协定。目前，欧盟正与南方共同市场的其他成员国就自由贸易协定进行谈判。

（四）贸易补救

1995年世界贸易组织成立后，巴西坚定地采用了世贸组织协定规定的贸易补救办法。在这类贸易补救措施中，巴西最常用的是反倾销措施，截至2014年6月[①]，共有296起案件采用了反倾销措施。在同一时期，10起案件采取了禁止补贴的措施，6起案件采取了保障措施，3起案件采取了类似措施。

---

① desenvolvimento.gov.br 第45页。

与阿根廷谈判的另一项文书是竞争适应机制，该机制允许对来自另一国的进口加以限制，当所述进口正在对同类或直接竞争产品的国内生产商造成威胁或造成重大损害时。然而，这一机制尚未生效，因为巴西或阿根廷尚未批准该机制。

1. 反倾销措施

在巴西，第 8058 号法令（日期为 2013 年 7 月 26 日）规定了实施反倾销措施，该法令遵守关税与贸易总协定（GATT 1947）第 6 条和世界贸易组织反倾销协定（ADA）规定的规则。

根据第 8058 号法令，当外国公司以低于正常价值的价格向巴西出口产品时，即当出口产品在出口国装运供消费时，其出口价格低于同类产品在正常贸易过程中的可比价格时，即发生倾销。如果倾销对巴西已建立的产业造成实质损害或者产生实质损害的威胁，或者对国内产业的建立造成实质阻碍，巴西当局可以采取反倾销措施，抵消倾销的影响。

巴西的倾销调查始于当地生产商或商业协会向 SECEX（外贸秘书处）贸易救济部（DECOM）提交书面申请和调查问卷，列出某一公司或多家公司向巴西出口可能存在的倾销行为的证据。一旦被接受，将对请愿书的优点进行审查，并启动调查。调查必须在立案之日起 10 个月内结束，特殊情况下可以再延长 8 个月。

自调查开始之日起 6 个月内，但不得在调查开始之日起 60 日内，DECOM 将对倾销、损害和因果关系作出初步裁定，并可对被调查产品的进口采取临时措施，但前提是：各利害关系方均有机会就调查情况发表意见；初步确定倾销、损害以及与国内产业的因果关系；当局认为，在调查过程中，有必要采取此类措施防止任何伤害。适用临时税的，可以在临时税征收之日前 90 天内，对符合临时税征收条件的进口产品追溯征收反倾销税，如调查之后进口产品迅速增长等。

在调查期间，出口商可以承担令人满意的义务，调整价格或停止以倾销价格出口。SECEX 必须接受且 CAMEX（对外贸易商会）必须批准这一承诺。在这种情况下，倾销程序可以终止或中止，不征收关税。出口商提出的反倾销税和价格承诺只有在有必要减轻倾销和由此造成的损害的情况下才能继续有效。不过，这些关税在征收 5 年后将停止，但如果有证据表明这种关税的取消可能导致倾销和对国内工业的损害，则可予以延长。

值得注意的是，《倾销条例》规定了若干确保倾销税效力的工具，例如，与征收关税有关的审查（由于情况的变化、日落审查）；与义务的范围和征收有关的审查（新的审查、反审查、恢复原状的审查、重新审查）。

2. 保护措施

在巴西实施保障措施受 1995 年 5 月 11 日第 1488 号法令管辖，该法令遵守 GATT 1947 第 19 条和《世界贸易组织保障措施协定》（SG）规定的规则。

如关税与贸易总协定第 19 条规定，只有在产品进口数量增加（绝对数量或相对于国内生产数量增加），并在对国内工业造成威胁或造成严重损害的条件下，才可对该产品采取保障措施。与反倾销不同，保护措施旨在不加怀疑地保护本国工业的任何不公平贸易做法及其来源，适用于国内产业与国外产品相比没有竞争力的情况。

在保护调查期间，利益相关方将有机会提交可能与调查相关的任何证据。此外，可以安排听询。保护措施只有在为防止或补救重大伤害并且益于调整国内产业所必需的范围内才能继续有效。然而，这种措施将在强制实施 4 年后停止。如果有证据表明，仍有必要预防或补救严重损害，以及国内产业没有按照与政府达成的协议进行调整，这些措施可以扩大。

3. 补贴和反补贴措施

1995 年 12 月 19 日颁布的第 1751 号法令是根据世界贸易组织的相关协定制定的，适用于巴西的相关措施。这样的法令目前正在公众咨询中，并将在稍后更新，就像最近的倾销条例一样。这些措施旨在抵消国家给予某些公司或部门的补贴，这些补贴最终人为地降低了它们的生产成本。征收关税取决于调查期间得出的结论，即另一个国家给予的补贴对国内工业造成损害。只有在需要减轻或防止实质伤害的情况下，征收才会继续有效。然而，这些关税在征收 5 年后将停止，但如果有证据表明这种关税的取消可能对国家工业造成损害，则可予以延长。

十一、投资激励

（一）SUDENE 区域

使用一个名为 SUDENE 的机构，在巴西东北部的投资可以适用于投资者自己的项目或第三方的项目。寻求在 SUDENE 地区建立企业的工农业公司必须向该机构提交一份提案，经批准后，该机构将给予它们以下财政和税收优惠：东北投资基金的财政支持；减少所得税；进口税和 IPI 豁免或减少进口；国家和地方奖励。

法律实体被允许将其公司所得税的一部分投资于东北投资基金的股份，而不是向联邦政府支付款项。该基金随后将投资于在 SUDENE 地区设置的公司的股份的认购。单独或共同控制位于 SUDENE 地区的一家公司的表决资本的法人或法人团体可将其所得税降低作为对该受控公司的投资。

（二）SUDAM 地区

在 SUDAM 地区的投资与 SUDENE 地区的投资类似。SUDAM 位于巴西北部，主要位于亚马逊地区，拥有亚马逊投资基金的资金支持。

（三）Manaus 自由贸易区

任何公司都有可能在 Manaus 自由区建立一个附属机构。该机构会受益于自由区内的进口税减免政策，该政策对消费进口货物及以出口为最终目的的进口货物的任何程度的工业化和储存都有益处。

根据SUFRAMA对特定项目的事先批准，还可以在不支付进口关税和IPI的情况下进口原材料、零件和组件，前提是所述货物用于按照税务机关为该类产品项目制定的基本生产流程生产制造商项目中列出的产品。当最终产品离开Manaus自由贸易区进入该国时，进口原材料、零部件的进口税将减少88%。

（四）科技创新税收激励

巴西政府制定了联邦税收激励措施，以刺激巴西的技术创新研究和发展。

出于这种税收激励的目的，法律认为技术创新是新产品或工业过程的概念，以及在产品或工业过程中纳入新的特征或特性，包括逐步改进质量或生产力的有效提高，从而在市场上产生更大的竞争力。

巴西税法（主要是第11196/05号法律）规定的一些主要联邦技术创新税收激励措施如下：

一是针对企业所得税（IRPJ和CSLL）的技术研发支出的特别扣除（扣除超过100%的有效支出）。

二是将用于研究和技术开发的设备、机械、装置、仪器、备件和工具的IPI减少50%。

三是用于研究和技术开发的新机械、设备、装置和仪器的加速折旧，用于公司税（IRPJ和CSLL）。

四是对IRPJ的征收，通过购买专门与技术研发技术创新相关的无形资产加速摊销支出。

五是零预扣所得税税率（WHT）——商标、专利和品种：商标、专利和种类的注册和维护向国外汇款征收的零预扣所得税税率。

六是扣除用于科学技术机构（ICT）开展的项目的征收税费：在IRPJ和CSLL税种对企业税收征收对象的净利润征收时，在纳税额中最高扣除因ICT征收造成的开展科学技术研究和技术创新项目的资金支出的2.5倍的金额。

十二、竞争法

（一）介绍

巴西的竞争保护基于《联邦宪法》第173条第4款和第12529/2011号法律《巴西竞争法》，该法旨在保护宪法原则，如自由企业和公开竞争、财产的社会作用、消费者保护和限制经济权力滥用。

巴西竞争防御系统（SBDC）负责巴西的竞争防御。SBDC主要由直接参与反竞争行为预防和调查的经济防卫管理委员会（CADE）和负责竞争宣传的经济监测秘书处（SEAE）组成。

CADE有两个主要属性：预防作用和抑制作用。预防作用是指对可能导致经济集中或滥用市场支配地位的兼并进行分析和控制。抑制作用的目的是识别和惩罚实施了侵害经济秩序行为（反竞争行为）的经济主体。

（二）并购控制

巴西自 2012 年起采用了合并前通知制度。因此，在采取任何旨在实施交易的措施之前，公司必须向 CADE 提交交易并等待有利的决定。

《巴西竞争法》规定，在涉及以下任何情况的行为或协议中，必须强制提交：

（1）在上一财政年度，参与交易的任何实体或其所属的公司集团在巴西的年总营业额或总业务量等于或超过 7.5 亿巴西雷亚尔；

（2）在上一财政年度，任何其他相关实体或其各自的公司集团在巴西的年总营业额或总业务量等于或超过 7500 万巴西雷亚尔。

根据 CADE 第 2 号决议，集团公司应为：在内部或外部受共同控制的一组公司；对上述所列公司直接或者间接持有股本或者表决权股份 20% 以上的公司。

关于投资基金，CADE 已对 CADE 第 02/2014 号决议规定的经济集团的定义作出重大修改。

根据新的规则，以下应被视为同一经济集团的一部分：公司股东直接或者间接持有参与交易的基金份额达 50% 以上（通过个人持股或者股东协议）；投资基金直接参与交易并控制投资组合公司营业额，且该基金直接或者间接持有 20% 以上资本或者有表决权股份的公司。

但是，如果涉及投资基金的交易需要强制提交，为了评估市场竞争效应，可能需要同一管理层之下的其他投资基金及其相关投资组合公司的信息。

竞争主管部门进行评估分析的最长整体期限可达 240 天，在此范围内，可根据双方的要求延长 60 天，或根据 CADE 的要求延长 90 天。CADE 的内部规则规定了在本协议所述的法律期限内未经审查的交易的自动批准。但是，需要注意的是，根据简易程序提交的案件由总监在 30 天内决定。

对于合并审查，总监也有权明确认定某项未提交给 CADE 委员会的交易不构成竞争问题。在这种情况下，委员会有权越过管辖权和审查交易，以及第三方有权在法庭前质疑监督人的决定。鉴于这种可能的超越行为和第三方的上诉，一旦总监界定了交易的竞争问题，双方必须等待 15 日后才会结束和执行交易。根据《巴西竞争法》，集中行为的特点是：两个以上独立公司合并；直接或者间接地，通过购买或者交换股票、配额、可转换为股票的债券、证券或者有形或者无形资产，通过合同或者其他方式，收购一个或者多个公司，控制一个或者多个公司的利益；一个或者数个公司收购另一公司；两个或者两个以上公司之间的联合、联营或者合资企业，公开招标的除外。

关于关联协议，鉴于在制定法律时缺乏对这一概念的法律定义，在涉及各方之间签订的一般合同的提交文件方面，法律在认定达到上述法律阈值的方面存在很大的不确定性。

然而，最近，CADE 通过第 10/2014 号决议引入了“关联协议”的定义。

根据新决议，如果法定期限等于或超过两年，或续约后达到或超过两年，则关联协议等于集中性行为，并且当缔约方或其各自的经济集团在本协定标的物方面出现水平重叠时，其在受影响的相关市场中的综合市场份额等于或超过 20%。当缔约方或其各自集团之间就本协定标的物产生垂直联系时，其中至少一方在垂直相关的受影响市场中占有 30% 或更多的市场份额，并且本协定包含：利润 / 亏损分担条款，或本协议产生的排他性义务。

在 CADE 作出决定之前，应当强制提交给当局的集中性行动不得进行，否则将受到无效处罚。不遵守强制性等待期，且执行交易全部或其一部分（也称为偷步操作），除审查交易竞争方面的行政程序外，将处以 6 万 ~600 万巴西雷亚尔的罚款。在澄清认定前实施的行为也可以宣布无效。

依照法律规定，当事人之间签署具有约束力的文件后，在文件执行前，必须优先向主管机构提出意见，当事人应保持彼此之间的实体结构和竞争条件不发生变化。因此，各方不得促进资产转让或相互施加影响，也不得分享执行具有约束力的文件所需的任何敏感信息。

在这方面，CADE 于 2015 年 5 月 20 日发布了《偷步操作指南》，旨在确立将被用作参与谈判的公司参考的基准标准。这些准则是不具约束力的，但也是 CADE 对于偷步操作的严格应对策略的一种反应。只要案件的具体情况和保存交易可逆性的条件得到维持，双方就有可能要求报告专员对该交易进行预防性授权。由于结束交易延迟而造成财政损失的负担，对缔约方来说明显很高。

在相关市场的实质性部分排斥竞争或者可能直接形成、巩固相关市场的主导地位或者导致主导相关市场的集中行为都会被禁止。然而，只要遵守或累计达到以下目标所需的严格限制，就可以批准交易：提高生产率或者具有竞争力；提高产品或者服务质量；提高效率和技术经济发展，并与消费者分享有关部分。

在分析交易时，SBDC 将考虑任何此类益处。

另外，在发现潜在反竞争效应的情况下，CADE 可能会阻止整个设想的交易，或最有可能有条件地批准该交易，参与谈判，并要求各方执行所谓的集中控制承诺（ACCS）。

（三）竞争侵权

《巴西竞争法》第 36 条规定，任何旨在或以其他方式能够产生以下影响的行为，即使没有实现这些影响，也应视为违反经济秩序：

（1）限制或以任何方式损害自由竞争或自由企业；

（2）控制某项产品或服务的有关市场；

（3）酌情增加利润；

（4）滥用市场支配地位。

这种行为是以具体案例具体分析为基础，采用理性原则的方法进行处理的。

该法律第 36 条第 3 款规定了可能构成违反经济秩序的行为的非详尽清单，这些行为可能产生上文第 36 条提及的任何影响，例如，定价；地域和客户基础限制；排他性协议；拒绝交易；连接安排；价格歧视；维持转售价格等。

《巴西竞争法》规定，对相关公司的罚款可以达到行政程序启动前一年相关业务活动部门收入的 0.1%~20%。CADE 于 2012 年 5 月 31 日发布的第 3 号决议规定了商业活动部分的清单，该清单应作为根据该法第 37 条计算可能罚款的依据。

对于管理人员的个人行政罚款，新的法律规定罚款范围为罚款的 1%~20%。此外，在合谋进行违规操作的情况下，适用的罚款最低为 5 万巴西雷亚尔，最高为 20 亿巴西雷亚尔。

除上述罚款外，考虑到违规行为的严重性，还可适用以下处罚：

（1）连续两日、一周至三周在法院指定的报纸上半页刊登判决摘要，费用由违法者承担；

（2）在相当于或超过 5 年的时间内，无法具备与联邦、州、市和联邦地区当局及相关实体进行采购、销售、工程、服务或公用事业特许经营的官方融资或投标程序的资格；

（3）对侵权人持有的专利提出强制许可建议；

（4）公司的分立、公司控制权的转移、资产的出售、经营活动的部分中止等。

（四）犯罪事项

除《巴西竞争法》外，第 8137/1990 号法律（《刑事法》）还规定，如果通过控制市场或部分或全部消除竞争，通过竞争对手之间的协议或联盟滥用经济权力，从而达到以下目的，则会发生违反经济秩序的犯罪：人为地确定价格或者产量；按公司或公司集团在区域上控制市场；获得对分销或供应网络的控制，以损害竞争。

综上所述，在涉及竞争对手串通的案件中将会发生刑事诉讼。根据《刑事法》的处罚范围为 2~5 年监禁，外加罚款。

（五）宽大处理方案

2000 年首次在巴西实施的宽大处理计划，可由参与竞争侵权行为的任何个人或法律实体签署，并可能导致全部或部分豁免。

在巴西，越来越多的人与其他司法管辖区协商宽大处理。这是当局之间加强合作的结果，因为他们扩大了信息共享，特别是在国际卡特尔方面。提高罚款也引起了公司对巴西宽恕计划的关注。

巴西法律授予完全豁免权的要求与北美法律规定的要求类似。完全豁免的主要条件是：

（1）公司或个人（受益人）应首先告知违规行为；

（2）受益人应自提议之日起完全停止参与违规行为；

（3）当局在提出建议时，没有足够证据对公司或个人提出指控；

（4）受益人必须承认参与了违规行为，并与调查提供全面 / 永久的合作；

（5）受益人应当配合调查，查明其他共同参与人，收集资料和文件，证明其违法行为。

在满足上述所有法律要求的情况下，受益人、公司或个人应享有完全豁免（包括行政和刑事处罚）。如果部分满足要求，可给予部分豁免（从适用罚款的三分之一到三分之二不等）。

（六）停止承诺

根据第 12529/2011 号法律第 85 条（《反托拉斯法》）的规定，CADE 可同意被告进行承诺，承诺其停止正在调查的行为或其有害影响（称为 TCC），前提是 CADE 根据其对此类承诺的合理性和机会的细致判断认为该承诺符合受法律保护的利益。

因此，TCC 是一项可以与 CADE 协商的协议，以预期行政程序的终止。任何有兴趣加入 TCC 的被告可向 CADE 提出申请，如果行政程序已经提交至委员会，则应向报告专员提出申请；如果行政程序仍在总监面前进行，则应向 CADE 主席提出申请。停止和终止承诺必须：

（1）明确被调查人停止被调查的行动的义务或其有害影响，以及其他被视为适用的义务；

（2）对所承担义务的全部或部分不遵守，处以每日罚款；

（3）在适用的情况下，设定对扩散权利保护基金的金钱缴款的价值。

尽管 CADE 不限制相关方执行的 TCC 数量，但 CADE 的内部裁决预先确定了适用于双方所受假设罚款的最大折扣水平。此类折扣将考虑提案的时间和该方预期合作的程度，在最高 40% 到最低 15% 的水平范围内浮动。当行政程序涉及对竞争对手（卡特尔）之间的协议、组合、操纵或调整的调查时，必须向保护扩散权利基金支付金钱缴款，并承认有罪。CADE 也可以要求当事人尽可能配合调查。

十三、知识产权权利

（一）总览

巴西的知识产权不仅指工业产权，还指与精神创造有关的其他权利，如版权和软件。

根据《巴黎公约》对工业产权的定义，巴西的工业产权包括贸易和服务商标、认证商标和集体商标、发明专利、实用新型专利、工业设计、地理标志和不正当竞争保护，还包括技术转让、特许经营、技术和科学服务。

工业产权主要受巴西《工业产权法》（1996 年第 9279 号法律）、《巴黎公约》及斯德哥尔摩修正案、国家工业产权研究所和巴西中央银行颁布的若干规范的管制。1997 年 5 月 15 日生效的 1996 年《工业产权法》第 9279 号统一了该主题的各项规则，并对巴西目前的工业产权保护进行了修改。

INPI 是负责管理和授予专利权、注册商标、工业设计和地理标志，以及批准许可协议和涉及上述工业产权、技术转让及技术和科学服务的任何其他协议的联邦机构。

（二）商标

如前所述，巴西是《巴黎公约》的签署国，因此，已在其他签署国的相关政府机构注册的商标优先获得当地注册和保护。但是，如果外国持有人按照《巴黎公约》的规定（在外国申请的 6 个月内）在巴西申请商标注册，而没有优先权要求，则在巴西申请前的临时期间，将不给予《巴黎公约》的优先保护。

注册商标必须是新的、合法的，并且不得与以前的申请或者注册相同或者令人困惑的相似的商标，也不得是通用用语。

巴西的商标保护是通过向 INPI 注册商标获得的。然而，第 9279 号法律对该规则提出了两个例外：

一是对驰名商标，无论是否在巴西注册，均给予特殊保护。本规定旨在保护持有人免受在巴西境外注册而非在巴西境内注册的知名商标的侵权行为。它还加强了《巴黎公约》第 6 条之二的保护机制，该公约长期以来对知名商标给予保护，无论其注册情况如何。

二是对于在优先权主张之日或第三方向 INPI 提交申请之日，在巴西使用相同或类似标记至少 6 个月的任何善意人，若能区分或证明相同、相似或类似的产品或服务，将享有优先注册权。商标注册的有效期为 10 年，连续 10 年可以续展。必须在注册有效期的最后一年（普通期限）或在普通期限之后的 6 个月内（特别期限）申请延期，否则要支付附加费。有下列情形之一的，可以撤销商标注册：自登记之日起满 5 年未使用；连续 5 年以上中断使用的；该标志已经以注册证明书所载的内容加以修改的形式使用，而该形式意味着其原有的显著特性有所改变。

巴西的商标名不受《工业产权法》的管辖，因此不受INPI的注册限制，尽管1996年第9279号法律禁止注册与第三方商标名相同或令人困惑的相似的商标，前提是该商标名会导致这些区别标志之间的混淆或关联。商标名受《巴黎公约》的管制，该公约确保在所有签署国保护商标名所有人，而无须备案或登记；它也受由国家商务部登记处（国家注册处）发布的具体规定规制，该规定要求向商业登记处登记商标名。尽管《巴黎公约》要求在巴西境内保护商标名，但自2003年1月11日起生效的《巴西民法典》规定，公司名称的保护仅限于公司注册地所在的州。但是，法律有一个特别规定，允许一家公司通过向每个需要保护的州的商业登记处提交特别请求，将其商标名保护扩大到巴西的其他州。

商标可能受许可协议的约束，前提是这些商标已在 INPI 注册或正在向 INPI 注册。

然而，商标申请不能引发版税。这意味着商标在支付版税之前，INPI 必须正式授予商标权。

（三）专利

《产业物权法》规定了两类专利：发明专利和实用新型专利，取决于所涉创新的程度。对于这两类专利，法律要求获得专利的目的或过程必须是一种创造性的过程，是一种新的并具有创新性的活动和工业应用。专利保护是通过与专利权相结合而获得的。发明专利的有效期为 20 年，自专利申请提交之日起计算。然而，考虑到专利过程可能需要数年时间，《工业产权法》规定专利有效期不得少于自专利授予之日起的 10 年。实用新型自申报之日起有效期为 15 年。但是，由于和发明专利一样需要一定时间的申请过程，《工业产权法》规定，实用新型有效期自授予之日起不得少于 7 年。如上所述，若要获得一项专利则必须是新发明，并能在工业中使用。当一项发明不是《技术现状》的一部分时，它就被认为是新发明。《技术现状》包括在提交文件或优先权日期之前，通过使用或以任何其他方式向巴西或国外公众提供的所有数据和信息。它包括巴西和国外专利的内容。一项发明可用于工业，包括农业工业。专利持有人必须在自授予之日起 3 年内在巴西领土上使用该专利，以避免其专利受到第三方强制许可的可能性。如果专利所有者以滥用的方式行使权利，或在其产品的销售量不符合当地市场要求时，专利也可接受强制性许可。

如果专利在 INPI 注册或在注册过程中注册，专利可能是许可协议的主题。

在 INPI 授予专利权之前，专利申请不能产生版税。

但是，专利权授予后，特许权使用费可以在被许可方的财务报表中收取和贷记，以供支付，且可从自 INPI 批准注册之前专利许可协议的签订之日起计算支付款项。

（四）工业设计

任何物体的装饰性形状，或适用于产品的轮廓和颜色的装饰性组合，会产生新的视觉效果，可被视为工业设计。

与专利条例不同，授予工业设计不需要经过 INPI 对其优点的事先审查。如果申请符合所有法律要求，INPI 将立即公布并批准注册。

但是，申请人可以随时要求国际专利局对其工业设计的新颖性和独创性进行审查。

自申请之日起，注册有效期为 10 年，可以连续 3 个 5 年延长。

如果在 INPI 或注册过程中正式注册了工业设计，则可对工业设计进行许可协议。

（五）技术转移

巴西的技术被定义为不受专利保护的技术。巴西关于巴西缔约方使用技术规则的基本概念是，技术可以转让（出售），但不能许可使用。考虑到销售的特性，供应商可在协议期限内获得某些费用，但在协议期满后，接收方可自由使用该技术。

传统上，INPI 已经批准了 5 年的技术转让协议。支付费用及其纳税扣除额仅限于本协议的 5 年期限（见第 3000/1999 号法令颁布的所得税条例第 354 条第 1 款）。如果缔约方能够证明技术没有完全转让给接受方，或者该协议对维持接受转让方的竞争力至关重要，经 INPI 的批准和国家货币委员会的授权，该期限可延长 5 年。

（六）技术和科学服务

涉及提供技术和科学服务的协议，如果一方将专有技术（如通过提供报告和数据）转让给另一方，则应向 INPI 备案。这些服务通常涉及工程服务，不应与专业服务类别相混淆。专业服务可豁免在 INPI 注册，以便将付款汇出国外，并可通过任何商业银行进行付款。

（七）特许经营

特许经营是指特许人授予被特许人使用商标或专利的权利（在实践中，根据巴西法律原则，商标使用权在特许经营交易中至关重要）、产品或服务的独家或半独家经销权，以及使用特许人开发或保留的相关业务或运营系统的实施或管理技术的权利。

1994 年颁布的第 8955 号法律，被称为特许经营法，以通用的方式规范特许经营协议的条款，明确特许人和被特许人之间的关系。这项立法创造了所谓的“特许权披露文件”。根据第 8955 号法律，特许权披露文件包括应向潜在被特许人披露的强制性信息，包括对潜在被特许人打算获取的特许权的更详细描述，以及特许人的信息，这两者都是被特许人应考虑是否从事商业投资的潜在因素。

如果在签署特许经营协议、临时协议或与特许经营协议有关的任何其他协议，或被特许人支付任何金额之前至少 10 天未向特许经营者交付特许经营权声明文件，特许经营者即使签署后也可取消特许经营协议。就此，例如，专营权人须在签署专营权协议前最少 10 天，或在向专营权人缴付任何费用前，向专营权人递交要约书。特许协议的取消可以使特许人退还所有由特许人支付的款项，外加损害赔偿。

在当地特许经营商和外国特许经营商之间签订的特许经营协议必须在 INPI 注册，以获得下述优惠。即使特许经营协议仅包括商标申请，也将允许向国外支付特许经营协议到期的款项。

（八）注册

作为一般规则，涉及工业产权、技术转让及涉及技术转让的技术和科学服务的协议必须得到 INPI 的批准并在 INPI 注册，用于以下目的：

（1）在国外汇出特许权使用费。在这种情况下，协议也必须在巴西中央银行登记。

（2）可扣除作为巴西所得税用途的业务费用的付款。在这种情况下，在巴西中央银行登记也是必要的。

（3）履行对第三方的义务。

关于上述第三项，对于被许可人发布的证明使用许可商标或专利的文件被 INPI 作为实际使用证明，如果在第三方以不使用而要求被取消的情况下，对 INPI 的许可协议的注册不是强制性的。

（九）软件

软件受 1998 年 2 月 19 日颁布的第 9609 号法律（《软件法》）的管制。该法律包含以下条款：软件的版权保护；营销软件的规则；在侵犯软件版权和营销的情况下实施的处罚。

软件或计算机程序的定义是：以自然语言或编码语言表达的一套有组织的指令，嵌入在任何性质的物理媒体中，在自动机器中必要地用于处理数据、设备、外围仪器或设备，其依据是数字或类似技术，使它们以特定方式和特定目的运行。

法律给予软件程序自软件发布后的 1 月 1 日起 50 年的著作权保护，如果没有公布，则保护期为从软件创建之日起 50 年。

在保护外国人方面，法律适用国际互惠原则。只要软件开发国给予巴西人同样的权利，在巴西境外定居的外国人就会受到保护。

《软件法》确定软件的作者身份已经得到保证，无论其注册情况如何。但是，作者可以向 INPI 注册该软件，以便在民事程序中转移举证责任，可以以秘密或非秘密的方式申请注册。

（十）版权

版权保护适用于任何有形的表达形式的原创作品，如书籍、信件、会议、音乐作品、电影作品、照片、翻译及原作、绘画、雕塑和其他有形形式。

1998 年 2 月 20 日颁布的《版权法》（第 9610 号）对版权作了规定，该法保护和规范了所有创作灵感的作品。此外，巴西是另外两项主要国际条约——《伯尔尼公约》和《日内瓦公约》的签署国。

版权所有权归属于作品作者（或共同开发的贡献者）。受版权保护的作品的期限为作者的一生，此后则为 70 年。如果作品是由两位或两位以上的作者创作的，则从最后一位幸存作者去世后开始，持续 70 年。

版权登记不是获得保护的先决条件。然而，登记总是有助于阻止盗版，并在诉讼的情况下作为所有权的证据。在这种情况下，提交人可根据工作性质向专门实体登记其工作。

（十一）税收方面

1. 预扣缴所得税（IRRF）

一般情况下，根据知识产权协议向国外支付的特许权使用金或费用（信贷、交付、工作或汇款）应预扣 15% 的所得税（如果受益人居住在巴西税法所界定的“低税收管辖范围”，则为 25% 的税率）。

IRRF 是国外付款受益人的普通税负，通常从应支付的金额中扣除。尽管如此，双方可正式商定，巴西付款人将承担在国外居住的受益人所欠的 IRRF 的税负。在这种情况下，巴西税收立法规定，巴西纳税人必须提高 IRRF 税基。

在巴西，作为 IRRF 扣留的款项可为在国外定居的受益人提供抵免，如果这种规定载于一项避免巴西与受益国之间双重征税的条约中，或者汇款国的立法作了这种规定，则可抵销其外国所得税。

2. 对干预经济秩序的出资（CIDE）

CIDE 是对在国外定居的政党支付（或信贷、交付、汇款或就业）报酬的税收，涉及提供技术；提供技术支持（技术支持服务或专业技术服务），无论是否有技术或技术转让；转让和许可商标；转让和许可以利用专利；行政协助和类似性质的行政协助；任何形式的版税。

除非软件的源代码提供给付款人（在这种情况下，根据巴西立法，协议被视为技术转让），否则不对软件许可证的付款征税。

CIDE 的付款责任在于在该国居住的公司，因为与 IRRF 不同，这种缴款应由在巴西居住的付款人支付，而不是由外国受益人支付。

3. PIS/COFINS——进口税

PIS/COFINS——进口税服务按 9.25% 的联合税率征收（进口货物的联合税率为 11.75%[①]）。受这些税制约的服务包括在巴西或国外执行的服务，其结果在巴西得到核实。PIS/COFINS——进口税的应税基础是在扣除预扣减所得税（IRRF）加上服务税（ISS）和 PIS/COFINS——进口税额之前支付（或贷记、交付、使用或汇出）国外的数额。如果巴西公司采用非累积系统，且如果进口的服务可视为公司核心业务中使用或消费的投入，则收取的 PIS/COFINS——进口税可与巴西公司每月收入中的 PIS 和 COFINS 相抵。

对国外付款征收 PIS/COFINS——进口税作为知识产权，在巴西曾是一个有争议的问题。由于大多数涉及知识产权的协议不涉及“做”的义务（而只是权利的许可），因此有法律理由在法庭上相信这些具体交易不属于提供服务，不应受征收 PIS/COFINS——进口税的限制。

然而，税务当局一直在作出行政决定，认为涉及支付特许使用费的协定不受 PIS/COFINS——进口税的限制，但有关协定中收取的特许权使用费数额必须与作为技术服务、技术援助和根据同一协议提供的其他服务的其他数额分开。

4. 服务税（ISS）

服务税（ISS）是根据服务的性质和巴西公司的所在地（市政当局），提供 2%~5% 的服务征收的市政税。ISS 也对进口服务征收，在这种情况下，付款人负责收集服务进口时的 ISS。一些知识产权被列入受 ISS 约束的服务清单（如商标许可、软件许可和特许经营）。由于这些协议一般不涉及履约义务（仅

① 2015 年 6 月 22 日，颁布了第 13137/2015 号法律，将 PIS/COFINS——进口综合税率从 9.25% 提高至 11.75%。该创新于 2015 年 5 月 1 日生效。

是权利许可），因此有法律依据可以在法庭上认为ISS不应在这些情况下到期。

5. 金融交易税（IOF）

在国外支付特许权使用费或费用的货币交易须按0.38%的税率缴纳IOF。IOF纳税人是在国外支付资金的巴西公司，但负责货币兑换的巴西银行负责收款和付款。

6. 扣除

作为一般规则（适用于任何和所有费用），只有与公司业务相关的必要，常规和常规费用才可以从企业所得税（IRPJ和CSLL）的税基中扣除。

除上述一般扣除规则外，巴西所得税法还规定了某些知识产权费用扣除的具体条件和限制，应根据具体情况分析这些税收减免的具体条件。但作为一般规则，专利的使用/利用、技术供应（包括转让相关源代码的软件许可协议，即技术转让）或技术支持的特许权使用费，仅限于与专利、技术供应或技术支持相关的产品（或服务）净销售价格的1%~5%。根据1958年财政部第436号法令（和修正案），这1%~5%的限额因业务和产品/服务对巴西经济的重要性而有所不同。当商标与技术供应、技术支持或专利利用无关时，商标使用的特许权使用费减免限制为带有商标的产品（或服务）的净销售价格的1%。使用/利用专利、商标、技术供应或技术支持的特许权使用费的扣除还取决于在国家工业产权局（INPI）和巴西中央银行登记相应的协议。请注意，扣除此处提到的特许权使用费不受巴西转让定价规则的约束。

十四、环境法

（一）环境法概述

在历史上，巴西制定了环境保护条例，以管理该国经济活动的各个领域。关于核心自然资源的使用和开发的条例有如下几种：森林（《巴西林业法》——第12651/2012号法律）；矿物（《采矿法》——第227/1967号法令）；渔业（第221/1967号法令）；一般狩猎（《狩猎法》——第5197/1967号法律）；用水量（《水法》——第24643/1934号法令）；国家水资源使用政策（第9433/1997号法律）；国家生物多样性法（第13123/2015号法律）。

由于全世界环境问题的发展和许多国际协定的颁布，巴西日益意识到要颁布《国家环境法》（第6938/81号法律），1988年《联邦宪法》中有整整一章是关于环境的法律。可以说，在全国立法中反映的环境保护最终随着《国家环境刑事和行政法》（第9605/98号法律）的颁布而完善，2008年第6514/2008号法令对此作了进一步规定。

1985年，巴西颁布了另一项重要法律：第7347/1985号法律，该法律创立了公共民事诉讼。与美国的集体诉讼相似，巴西法律允许检察官提起旨在保护环境的诉讼，并赋予非政府机构根据其条款提起诉讼的权利。

目前，国内有关环境保护的规定层出不穷。它们的范围从损害惩罚到海岸管理规则，或者从建立保护单位到要求在学校实施环境教育系统等。此外，全国各州，有时是市政当局（如果有地方和具体利益的话），有权在州和地方两级执行自己关于环境保护和自然资源使用的条例。

（二）适用于工业活动的主要要求

关于工业活动，适用的条例通常要求在公司活动开始之前取得环境许可证和业务许可证。

至于污染控制系统，它们在很大程度上是在像圣保罗和里约热内卢这样的工业化中心实施的。除行政处罚（警告、罚款、禁止公司活动等）和民事制裁（恢复原状或赔偿环境损害的义务）外，缺乏环境许可证和污染行为都可被视为犯罪行为，并会引起刑事制裁。

（三）环境责任

根据巴西法律，环境责任可在三个不同的独立层面发生：民事、行政和刑事。

上述三个责任领域是不同和独立的，因为一方面，罪犯的一项单独行动可能在三个层面产生环境责任：民事、行政和刑事责任，以及三种不同的制裁对其适用。另一方面，在其中一个领域不承担赔偿责任并不一定免除罪犯在其他领域的责任。

环境民事责任产生于犯罪人的作为或不作为，造成任何形式的环境损害，并被定性为严格责任的一种形式。这种责任导致对环境造成的损害及由此对第三方造成的损害进行修复或赔偿的民事处罚。

行政责任是由于违法者的作为或不作为涉及违反环境保护规则，而无论环境损害是否实际发生。

另外，刑事责任取决于对罪犯的过失或恶意的认定，并由刑法中典型的个人或法律实体的行为或不作为所产生。

关于环境责任，还有两个国家规则值得一提：严格责任和连带责任。巴西有关环境责任的一般规定规定了严格责任，即无论过错如何都会实施制裁。在外包运输和最终处置废物 / 残留物的情况下，或者在受污染区域有多个代理人对同一环境损害负责的情况下，则主要承担连带责任。

特别是在许可证方面，2011 年生效的第 140/2011 号补充法规定了关于管辖权的新参数，规定了联邦、州和市各级每个联邦实体的作用。例如，新的立法确定，环境许可应是一项独特的程序，联邦、州或市一级的管辖权应依据以下特定标准：联邦，取决于地点（如包含两个或两个以上州）或主题（如放射性物质的生产）；市级，用于许可影响当地的活动；剩下的州，处理联邦和市政当局不颁发许可证的活动。

此外，它还规定了与环境违法行为有关的条款，其中规定了发布违规通知，并对负责其许可或授权程序的实体提起行政诉讼的责任。

（四）污染区域的管理

圣保罗州是巴西第一个颁布侧重于污染地区管理的法律的州。第 13577/2009 号州法律规定了查明和测绘受污染地区和实施补救机制的程序。该法律不仅可以使有过错的一方和（或）财产所有者对污染负责，而且使承租人、有效所有权持有人和该地区的经济受益人得以承担责任。早些时候，巴西的一个参考国家污染区域管理计划是通过圣保罗州环境局（CETESB）的行政规则运作的，但这些程序在 2009 年被上述法律所涵盖。联邦一级，CONAMA 第 420/2009 号法律决定出版，涵盖了圣保罗州法律带来的框架的许多方面。

（五）售后责任

联邦法规规定，某些产品的制造商对相关的后消费废物负有责任，这些产品被归类为对环境有重大影响的发电机(如轮胎、电池、电子产品和荧光灯)。2010年颁布了第12305/2010号法律，制定了国家固体废物政策。这项法律的主要创新之一是承认对产品生命周期的共同责任是巴西固体废物管理的一项基本原则。该法律规定某些高影响产品的制造商、进口商和零售商有义务实施旨在对产品和废物进行从摇篮到坟墓的管理的逆向物流系统。法律还规定消除该国的所有垃圾场，并以适当的填埋场取代。

（六）森林法

截至2012年，与使用和压制森林资源有关的所有活动均须遵守第12651/2012号法律通过的新森林制度，这是一项极具争议性的法律，对该国农村财产实行了新的监管制度。该法规定了永久保护区的新的限制和定义，以及法律保护区的维护，并要求永久保护区2016年5月5日之前在农村环境登记处登记。

第12651/2012号法律第4条和第6条界定了永久保护区。第8条与第2条、第9条和第10条相结合表明，只有在事先得到授权并被限定为公共事业、社会利益、低环境影响的情况下，才允许进入这些领域干涉活动。

法定储备是土地所有者必须指定和促进保护措施的土地的百分比。在巴西，这一百分比从占总物业面积的百分比的20%（南部和东南部各州）到50%（巴西中西部的一些地区——萨凡纳植被），甚至80%（亚马逊地区）。森林法规允许对法定储备区进行补偿，并创建可用于证明符合森林法规要求的法定储备配额。此外，它还规定了森林经营和开发活动以及林业产品供应控制的具体规则。

这种法律的合宪性目前正受到最高法院（STF）的4起诉讼的质疑，可能对最近颁布的制度产生重大影响。

（七）生物多样性法

从2001年起，巴西的生物多样性资源的获取受到了一项临时措施的管制，市场对此提出了强烈批评，因为它的重点是政府对生物盗版活动的过度控制和制裁。联邦政府宣布颁布新的《生物多样性法》（第13123/2015号联邦法），承认以往的过度行为，并试图平衡控制对遗传资源/传统知识的开发的需要和该行业的现实。

联邦法规的主要创新是：

（1）建立登记册，其中涉及遗传资源的获取或出口的活动应事先由有关公司在自我申报的基础上登记；

（2）经过事先批准或仅需经过注册的活动的定义；

（3）要求公司在被准许经济使用最终产品前通知 CGEN；

（4）区分汇款和向外国机构发送遗传资源样本的概念；

（5）确定最终产品的经济用途所产生的每年净收入的至少 1%（如果行业签署了这方面的部门协议，则可将百分比降至 0.1%），以分享利益；

（6）对过去用途的规范化的特殊处理。

（八）国际法

应当指出，巴西是许多多边环境协定的缔约国，如《气候变化公约》《生物多样性公约》《关于危险废物转移的巴塞尔公约》《蒙特利尔议定书》和《海洋法公约》等。目前巴西正在国家一级颁布反映这类协定的规则，以履行相关的国际义务。

十五、合同法

自 2003 年 1 月 11 日起生效的《巴西民法典》规定了合同法的一般原则和关于大多数法律协议的规则，如分配、代理、租赁、自由租赁；其余合同类型要么受具体法规管辖（如销售代理协议），要么没有法律制度，在这种情况下，协议必须符合《巴西民法典》规定的一般假设和要求。

因此，有必要确定某项协议在执行之前是否属于其中一个受管制的框架（《巴西民法典》或一项具体法规），以确定其是否符合巴西立法规定的形式和实质性要求。

以下是合同在巴西可执行的要求：合格方、合法范围、适当或非法律禁止形式。但是，根据其性质，某些协议可能还需要其他基本要素。例如，价格是购买和销售协议中的基本要素。

作为一项一般原则，当事方（巴西公民或外国公民）可以自由地彼此达成协议，并自愿规定相互义务（自由意志原则）。只要一项义务不是非法的、违反法律的、不道德的或无法执行的，它就被认为是有效的。此外，必须在合同中规定的相互义务之间取得某种平衡，即合同不能对一方当事人设定明显不成比例的负担，同时给予另一方极大的好处。

根据巴西法律制度，合同效力、诚信和社会作用原则被用于解释协议，但有一些限制。事实上，合同条件绝不能偏离或违反法定规则，因为在大多数情况下，法定规则优先于当事方之间的相互协议。

根据《巴西民法典》的介绍法，适用于国际协议的法律是规定义务的地方法律，即提议方的住所或主要营业地。因此，原则上，在巴西不允许当事方选择合同的管辖法律，根据该法律对合同进行分析和解释。

如果一方当事人是外国人，外国法律可通过国际私法机制适用于合同，尽管巴西法律文化仍然不愿这样做。简而言之，如果提起诉讼，法院认为自己对争端作出裁决是合法的，那么巴西法律很可能适用。

必须指出，根据《巴西民法典》第 224 条的规定，以任何外语起草的文件必须翻译成葡萄牙文，以便在巴西具有法律效力，除非选择仲裁解决合同引起的任何争端。当合同提交法院时，新的《巴西民事诉讼法》第 192 条及其单一段落规定，合同的宣誓译文必须附在案件记录上。

还应注意的是，消费者关系受《巴西消费者法》的管制，该法在第 51 条第 1 款中规定，关于货物和服务的销售或供应的合同条款如果阻止、免除，或减轻卖方或供应商对货物 / 服务任何种类缺陷的赔偿责任，或暗示放弃或放弃（消费者）相关权利，则应视为无效和不可执行。该条款还规定，“在供应商与公司实体消费者之间的消费者关系中，在合理情况下，赔偿金额可能受到限制”。

十六、诉讼 / 仲裁

巴西司法机构由《联邦宪法》组织，该宪法将司法机构分为联邦法院和州法院。一般而言，巴西法院对与巴西领土有关的任何诉讼都有管辖权。

联邦法院对联邦政府或其任何机构或准政府机构参与或与之有利害关系的任何诉讼及涉及外国或国际机构的案件拥有专属管辖权，所有劳工和选举法院也受联邦司法管辖。另外，所有的私人和商业诉讼都要经过州法院的审理和裁决。

一般来说，民事诉讼规则是联邦的，适用于全国各地，允许律师在巴西的任何地方执业。所有的决定都是由法官作出的，陪审团的审判只能在针对他人生命的犯罪中进行，如一级谋杀和堕胎案件。

诉讼开始于向主管法院提出书面申诉，列明导致诉讼的相关事实，以及原告各自的主张。除此之外，申诉还必须表明任何拟用来支持索赔的证据、向被告送达诉讼程序的请求及与对索赔进行经济评估相对应的争议金额。

巴西的程序服务非常正式，完全由法官进行，这是由于法律保障适当的法律程序和完全的公平辩护权。因此，任何与流程有关的失败都可能导致整个过程被视为无效。

送达程序后，被告有权提交正式书面辩护。被告除可以对原告未履行的诉讼程序提出异议外，还可以提出反诉、无管辖权抗辩、质疑对请求权的经济评估，甚至质疑法院的权威性或公正性。

新的《巴西民事诉讼法》规定，可以通过文件（包括各种媒体）、司法专家进行的检查、直接检查、证人和当事方的证词及其他手段收集证据。一般来说，举证责任落在指控事实的一方身上。因此，原告必须提供支持索赔及其理由的证据，而被告必须证明损害、修改或终止诉讼的反事实。有些例外情况，特别是：与消费者关系或环境有关的索赔；当一方（无论是原告还是被告）明显更容易证明某一事实时。在这种情况下，巴西法律规定举证责任是相反的。

必须强调的是，巴西给予法官比大陆法系国家更多的权力来控制诉讼程序和获取证据，因此不允许调查，例如，律师不能私下收集证词或提出承认请求或向对方提出问题。

在提供了所有证据之后，双方提交了最后简报，并概述了有关的事实和应采取的解决办法，从而开启了初级法院法官作出最后裁决的阶段。

无论是向联邦法院还是州法院提起诉讼，当事人都有向上诉法院提出上诉的宪法权利。在国家体系中，每个州都有自己的州上诉法院。另外，联邦上诉制度由五个巡回上诉法院组成。

此外，巴西的制度允许大量上诉，特别是中间上诉，这可能使诉讼程序拖延很长时间。最初，在诉讼期间提出的每一项决定都可以由当事方通过中间上诉提出质疑。新的《民事诉讼法》改变了模式：目前只有法典本身列出的决定可能会引起中间上诉。颁布这项新规则是为了加快诉讼进程。

在更高层次上，司法机构有两个高级法院，分别称为高级法院和巴西最高法院，均位于巴西首都巴西利亚。从广义上讲，如果这些法院作出的裁决违反任何联邦法律，前者对州或联邦上诉法院判决的任何案件都具有管辖权，后者对宪法问题具有管辖权，如果《联邦宪法》恰好受到侵犯，也可以重新审视任何法院作出的决定。

作为一个大陆法系国家，巴西的所有裁决都必须以成文法为基础。如果没有具体的法律规定，法院可以根据类推和一般用途及惯例，或适用一般法律原则作出决定。一般而言，判例不具有约束力，但近年来发生了若干变化，赋予高等法院作出的裁决以特别效力。宪法修正案 45 于 2004 年生效，在该国系统中引入了最高法院在某些情况下具有约束力先例的可能性。新的《民事诉讼法》赋予高级法院类似的权力——高等法院在重复案件中作出的决定，下级法院必须遵循。

必须指出，自 1996 年以来，巴西制定了一项仲裁法，承认有可能通过仲裁解决民事和商业诉讼，而不享有不可剥夺的权利。

一开始，有人争论这一行为是否符合《联邦宪法》，因为它撇开了司法结构。然而，2001 年，巴西最高法院维持了该法案的合宪性，确认了合同仲裁条款，从而消除了这方面的疑虑。

鉴于这一事实，国内和国外仲裁裁决在巴西完全可以执行。然而，尽管巴西已经批准了《执行外国仲裁裁决纽约公约》，但外国仲裁裁决必须首先得到巴西最高法院的批准。

十七、公司刑法

（一）刑事责任概述

《巴西刑法》是在罪责或主观责任下运作的，根据这种责任，因果关系链必须作为确定刑事责任的条件。刑事责任属于个人责任，即只有与违法行为有直接关系的人才能承担刑事责任。

根据《巴西刑法》第 29 条的规定，除与环境有关的犯罪外，公司实体不得对其行为承担刑事责任。但是，即使代表公司行事，其员工、经理、官员和法律代表也可能对所犯下的任何犯罪行为负责。

如前所述，因果关系链是确定刑事责任的先决条件，因此，只有参与该罪行的雇员、经理、高级职员和法律代表才可能被刑事起诉。

提出的任何指控都必须说明每名被告的非法行为，明确他们参与的犯罪行为，使他们对所指控的罪行负有刑事责任。对此，不适用严格责任。

必须强调的是，参与通过公司实体实施的犯罪的人根据其行为受到不同程度的罪责。

（二）与税务有关的罪行及相应的刑事责任

逃税包括不正当的不缴或少缴税收，以及通过下列任何行为之一产生任何附属指控：遗漏信息或者向财政部提供虚假报表的；通过提供不准确的内容，或在税法要求的文件或分类账中漏掉任何种类的交易，欺骗税务调查人员；伪造或更改任何与应税交易有关的文件。

这一罪行可判处 2~5 年徒刑，外加由法院规定的罚款。

提交虚假申报或漏报收入、资产或事实，或利用欺诈手段部分或全部免缴税款，以及未在法定期限前扣缴税款或社会缴款，也可处以 6 个月至两年监禁。

值得注意的是，联邦最高法院已经确定，如果涉及需要结果才能被视为完成的税务犯罪（重大罪行），刑事调查或诉讼只有在刑事指控之前的行政诉讼结束时才能进行。因此，只有在适当的行政诉讼结束后，才可追究此类罪行的刑事责任。

根据第 10684/2003 号法律第 9 条第 2 款的规定，任何时候缴纳税款及其附加款项均可免除第 8137/1990 号法律规定的罪行的处罚。

但是，从逃税 / 漏税中分期付款并不能消除惩罚，这只是暂停惩罚，直到全额支付，届时惩罚实际上将被解除。

对于一家公司，如果它们遗漏或向税务机关提供虚假信息，以不缴或少缴所欠税款，或在税法规定的文件或账簿中提供不正确或不真实的数据或忽视任何形式的操作，其在犯罪时的管理人员应对第 8137/1990 号法律所规定的逃税和破坏经济秩序罪承担刑事责任。

必须指出的是，在涉及税务犯罪的调查过程中，可能存在违反银行机密的情况，在任何形式的警察 / 行政调查或司法程序中，银行保密都必须得到法官的授权。尽管《联邦宪法》没有具体规定银行保密权，但可以从《联邦宪法》第 5 条第 10 款中关于隐私和亲密关系的一般性规定中推断出这一权利。

（三）与劳动有关的犯罪及相应的刑事责任

巴西立法通过普通立法和《联邦宪法》为工人提供了充分的保护。为了避免在劳动领域或刑事领域的索赔，必须高度重视对劳动法的遵守。

巴西的劳动关系受《综合劳动法》（CLT）的管制，该法建立了保护工人及其权利和保障的完整制度。

关于在巴西危害劳工组织的罪行，《巴西刑法》第 203 条规定，现有劳动法保障的劳动权利可能通过欺诈或侵权行为受到侵犯的，可处以 1~3 年的监禁。

在主观责任范围内，对不遵守劳动法律负有责任的经理，可以对其因不遵守劳动法律而产生的违法行为追究刑事责任。

虽然在《巴西刑法》中没有提到打击劳工组织的罪行，但与劳工问题有关的一些其他罪行也值得一提。

按照《巴西刑法》第 149 条的规定，通过强迫雇员从事强迫劳动、劳累工作时间、降低劳动条件或以任何方式通过与雇主签订的债务限制其自由，将雇员劳动条件降至类似于奴隶的状况，可处以 2~8 年监禁，加上法庭规定的罚款。

将一个人的生命或健康暴露于直接和迫在眉睫的危险中也被视为犯罪，如《巴西刑法》第 132 条所述，如果因此类危害不会造成更大的伤害，则可判处 3 个月至 1 年的监禁。如果这种危险是由运输人员造成的，违反了法律规定的规则，目的是在任何机构提供服务，则适用的刑罚从六分之一增加到三分之一。

关于职业事故，可追究造成这类事故的个人的人身伤害甚至非自愿过失杀人的责任。

关于《巴西刑法》第 129 条规定的人身伤害，适用的刑罚是以意外伤害处以 3 个月至 1 年的监禁。

在发生非自愿过失杀人的情况下，适用的刑罚为监禁 1~3 年，如果犯罪发生的原因是不遵守专业技术法规；代理人未能立即向受害人提供援助，或不寻求减轻其行为的后果；或为了避免被抓到而逃跑。

（四）《破产法》违法行为及相应的刑事责任

第 11101/2005 号法律（《破产法》）对巴西的破产、司法和司法外结构调整作出了规定，第 168 条至第 178 条规定了与这一事项有关的罪行，适用的刑罚从监禁 2~6 年，再到拘留 1~2 年，另加由法院规定的罚款。

第 179 条明确规定，公司的董事、经理、高级人员、委员，甚至受托人，应当与债务人或者破产人等同视为犯罪。

根据第 180 条，给予司法或司法外结构调整的法院命令是上述罪行刑事责任的先决条件。

（五）危害环境罪及相应的刑事责任

关于环境法，重要的法规是第 6514/2008 号法令和第 9605/1998 号法律。第 6514/2008 号法令规定了对环境的行政违法行为，并规定了调查这类违法行为的行政诉讼程序及适用的惩罚措施。

1998 年第 9605/1998 号法（关于危害环境罪的联邦法）规定了侵犯动植物群、城市秩序和历史遗址及整个环境的罪行。根据这项法律，违反法律标准排放气体、液体或固体废物将受到严厉处罚。例如，如果当地生态系统或人类健康是由上述污染构成的，则可处以最高 5 年的监禁，外加由法院界定的罚款。

缺乏适当的许可证也被认为是一种严重的犯罪行为，这可能导致公司在没有必要的环境许可证的情况下停业，以及监禁负有责任的个人。颁发这类许可证的环境机构如果向不遵守环境法的公司发放许可证，也要承担刑事责任。

在《巴西刑法》中，危害环境罪是主观责任的唯一例外，允许公司实体对此类犯罪承担刑事责任。

刑事责任是根据代理人的过错程度而归责的，不仅归因于直接与环境损害有关的代理人，而且归因于认识到犯罪行为、尽管能够阻止犯罪但不阻止的任何一方。

公司可能被追究危害环境罪的刑事责任，尽管有可能对参与这种犯罪的个人进行处罚。

第 9605/1998 号法律第 4 条规定，如果已存在的法律事实构成了对“环境”（相关利益人员）进行损害赔偿之障碍的情况下，可进行公司人格否认。就处罚而言，个人可能面临被剥夺自由（监禁）及对权利的限制（向社区提供服务、临时限制权利、部分或完全中断活动、罚款、禁闭），这可能取代剥夺自由的惩罚，条件是满足第 9605/1998 号法律第 7 条规定的条件。

根据第 9605/1998 号法律第 21 条的规定，法律实体将受到罚款、权利限制（部分或完全中断活动、暂时禁止商业机构 / 活动、被驱逐出公私伙伴关系及不再受任何政府补贴或赠款）和向社区提供服务。

（六）消费者关系罪行及相应的刑事责任

第 8078/1990 号联邦法制定了《巴西消费者保护法》，其中规定了适用于巴西消费者关系的法律原则和要求。

《巴西消费者保护法》除其他外，规定了关于向消费者提供的产品和服务的条例和责任，并规定了因不遵守消费者法律而引起的行政、民事和刑事诉讼的规则和适用的制裁。

第 61 条至第 74 条规定了与消费者有关的犯罪，其中大多数涉及违反制造商或服务提供者告知商业化产品 / 服务某些方面的义务，包括遗漏或提供虚假或不正确的标签、外壳、包装或广告上的信息，从而误导消费者。

对这类罪行适用的刑罚从监禁 1 个月到 2 年，再加上由法院规定的罚款，到交替或累计地限制权利（向社区提供服务，暂时限制权利，由罪犯承担费用在大众媒体上播放罪犯被判有罪的条款）。

第 7 条第 8137/1990 号法律还规定了危害消费者关系的罪行，可处以 2~5 年监禁或罚款。

（七）与经济法有关的犯罪和相应的刑事责任

第 8137/1990 号法律第 4 条规定了下列被视为危害经济秩序罪的行为：滥用经济权力，意图通过部分或全部消除竞争而支配市场；在提供方之间建立一种安排、约定、协议或联盟，目的是人为地设定销售或生产的价格或数量，从而对市场实行区域化的控制。

这些罪行可判处 2~5 年徒刑或罚款。

第 12529/2011 号法律第 36 条规定了违反经济秩序的行政行为，规定在任何情况下具有或可能具有下列效果的行为都应被视为违反经济秩序的行为，无论其过错为何：限制或以任何方式损害自由竞争或自由意志；控制有关商品或服务市场；任意增加利润；滥用支配地位行为应当逐案分析。

关于危害经济秩序罪的问题，卡特尔需要特别注意（卡特尔是一个企业主协会，他们就市场竞争的重要变量达成协议）。

就处罚而言，根据第 12529/2011 号法律，法律实体和其管理人员如果直接或间接对犯罪负责，都可能面临罚款。第 37 条规定了其他适用的制裁措施，可与上述制裁合并或单独实施。

除上述罚款外，考虑到违法行为的严重性，还可适用以下规定：

（1）在法院指定的报纸上公布判决摘要，为期两天，连续 1~3 周，由违反者承担费用，出版半页；

（2）没有资格获得官方融资或参与联邦、州、市和联邦区当局及相关政府实体进行的采购、销售、工程、服务或公用事业特许权的招标过程，至少为期 5 年；

（3）强制授予违反者所拥有的专利；

（4）公司分拆、转让公司控制权、出售资产、部分中止活动等。

第 12529/2011 号法律第 86 条和第 87 条规定了推迟（宽大处理）方案，根据这两项法律，对于第 8137/1990 号法律规定的危害经济秩序的罪行，按照法律规定的条件执行宽大处理协议，会导致中止对这类罪行的时效并防止刑事指控。

在行政和刑事领域都存在对反托拉斯罪行的压制。

在行政领域，即使有害影响仅仅是潜在的，尚未实现，违反经济秩序的行为也会发生，无论代理人的恶意是什么。在犯罪领域，必须有代理人意图（恶意）的证据，以及对经济秩序造成损害的证据。

在涉及危害经济秩序罪的调查过程中，可能有违反银行机密的行为，在任何形式的警察 / 行政调查或司法程序中，必须得到法官的授权。

（八）涉及国家金融体系的犯罪及相应的刑事责任

被非正式称为《白领犯罪法》的第 7492/1986 号法律规定了危害金融系统的罪行和破坏国家经济秩序的罪行，它力求保护个人和集体利益不受这类罪行侵害。在这一概念中，市场组织、其工具的规律性及它们所要求的信赖以及所进行的商业交易的安全具有特殊的实质意义。

因此，《白领犯罪法》规定了侵害货物或国家财政政策相关利益的有害或危险行为，即投资、行政和支出，以及任何其他侵犯个人利益和财富的行为。

第 7492/1986 号法律第 1 条将金融机构界定为公法或私法的法律实体，其主要活动或辅助活动为（无论是否为多种）对第三方资金的融资、中介或使用，或从事证券交易的机构。金融机构的概念还可以包括那些承担或管理保险、交易所、共同体、资本化或任何其他类型的第三方储蓄或基金的人，以及从事这些活动的个人。

《白领犯罪法》第 2 条至第 23 条规定了危害国家金融体系的罪行。适用的制裁是监禁 1~12 年，外加由法院规定的罚款。

鉴于可能的代理人名单很广，又鉴于金融机构的广泛概念，而且这种定性对于将《白领犯罪法》规定的任何罪行进行归责至关重要，因此必须仔细审查每一项刑事指控。

根据主观罪责，不能追究法律实体对白领犯罪的责任。因此，依照第 25 条的规定，被视为金融机构的董事、经理和控制人及接管人、清算人或受托人的代理人应对第 7492/1986 号法律规定的罪行承担刑事责任。

在涉及白领犯罪的调查过程中，可能存在违反银行机密的情况，在任何类型的警察 / 行政调查或司法程序中，这都必须得到法官的授权。

（九）洗钱罪及相应的刑事责任

1998 年第 9613/1998 号法律（非正式地称为《洗钱法》）列出了定义为

与洗钱有关的犯罪的交易。2012 年，第 12683/2012 号法律对该法进行了更新。

洗钱是指为以前所犯罪行的经济产品提供合法外观的活动或行动，目的是允许这类产品进入正规经济，从而使其可供洗钱前犯罪行为人使用。

值得一提的是，法律没有具体规定可被认为是洗钱上游的罪行，前提是任何刑事犯罪都可以是洗钱罪的上游犯罪。

除受到上游罪行影响的合法资产外，惩罚洗钱的目的是防止代理人将上游犯罪的赃物当作合法财产使用，这将破坏经济、金融系统、税收和一系列可能被纳入保护社会秩序和社会本身的法律资产。

在巴西，国家司法秘书处下属的追回资产和国际法律合作部打击洗钱活动，该司是司法部的一部分，司法部负责协调 50 多个联邦、州和市政机构的综合行动，同时也是国际伙伴关系的缔约方。

《洗钱法》还设立了金融活动控制委员会（COAF），其目的是管理和实施行政处罚，以及审查和查明《洗钱法》规定的涉嫌非法活动，尽管其他机构或实体有管辖权。

关于刑事责任，任何对法律实体负有法律责任的个人，如藏匿或掩饰洗钱犯罪上游活动所产生的资产、权利或金钱，可处以 3~10 年监禁，外加由法院规定的罚款。

根据主观罪责，不能追究法人对洗钱犯罪的责任。从事法律规定的洗钱行为的代理人应负刑事责任。

必须指出，在涉及洗钱犯罪的调查过程中，可以授权违反银行保密规定，以确定犯罪是否发生。这种违反行为必须在任何种类的警察 / 行政调查或司法程序中得到法官的授权，因为即使《联邦宪法》没有具体规定银行保密的权利，这项权利也可以从《联邦宪法》第 5 条第 10 款中关于隐私和亲密的一般性规定中推断出来。

（十）危害社会保障罪及相应的刑事责任

关于危害社会保障制度的罪行，有两项具体罪行值得一提：逃避社会保障缴款和不当挪用社会保障缴款。

就社会保障缴款逃税而言，这些规定是《巴西刑法》第 337-A 条规定的。逃避社会保障缴款包括通过完全或部分漏掉所赚取的收入或利润、支付或贷记的款项及任何其他社会保障缴款事件来压制或减少社会保障和任何附加缴款。

关于不适当挪用社会保障缴款，《巴西刑法》第168-A条规定，其中包括没有按照法律规定的规则和最后期限或具体合同将雇员扣缴的缴款转移到社会保障管理局。

这两种罪行都可判处2~5年监禁，外加由法院规定的罚款。

根据第10684/2003号法律第9条第2款的规定，在任何时候缴纳拖欠的税款及其附属费用，都可以消除对逃避社会保障缴款和不正当挪用社会保障缴款的惩罚。

就社会保障缴款的逃税而言，分期偿还债务并不能消除惩罚，这只是暂停处罚，直到全额支付，届时惩罚实际上被解除。

（十一）侵犯知识产权和不正当竞争罪及相应的刑事责任

第9279/1996号法律（非正式地称为《工业产权法》）管辖工业产权的权利和义务。除压制不公平竞争之外，通过发明专利和实用新型的特许权，以及工业品外观设计和商标注册的特许权，保护与工业产权有关的权利。

《工业产权法》第183条至第194条还规定了侵犯知识产权和工业产权的罪行。对这类罪行适用的惩罚从3个月到1年监禁不等，如有下列情况，可处以罚款：

（1）未经许可使用或者制造申请专利的产品；

（2）复制或者变更商标；

（3）工业设计申请已获批准的制造产品；

（4）其他可判处1~3个月监禁的情况，如使用商标或广告表达表明的产品来源是虚假的或使用虚假地理标志。

被侵犯的商标是驰名商标、认证商标或者集体商标的，或者如果违规方是销售代表、工业产权所有人或者其被许可人的被授权人、公司、合伙人或者雇员的，则上述处罚可能会升至最初处罚的三分之一到一半。

第9279/1996号法律第195条还规定了与不公平竞争有关的罪行。不正当竞争是通过使用不正确和有害的方法，试图改变适当、健康的竞争关系。

不正当竞争是指利用非法手段或方法改变正常的竞争关系，对其受害者造成不可否认的伤害，并干扰从事智力工作的活动的发展。

一些列为不正当竞争的行为包括：未经许可使用第三方公司名称或机密信息的；转移客户；故意误导消费者；披露或使用与竞争对手有关的欺诈手段或虚假陈述，以获取竞争优势；其他类型的欺诈。

所有与不正当竞争有关的做法都有代理人具体恶意的暗流。代理人的行为是为了伤害竞争对手或获取不正当利益，故意违反法律。

与不正当竞争有关的罪行可处以 3 个月至 1 年的监禁或罚款。

被认定为不正当竞争的，应当承担民事责任。在民事诉讼过程中，受害方可以享受因不正当竞争行为造成的损失和损害的经济赔偿。

《巴西刑法》还规定侵犯第 184 条规定的版权，根据该条，未经提交人具体和明确授权，部分或全部复制版权材料，具有经济目的，构成犯罪，可判处 3 个月至 1 年监禁，另加法院规定的罚款，或 2~4 年监禁，另加由法庭规定的罚款，视犯罪的具体方面而定。

（十二）与贪污有关的罪行及相应的刑事责任

《巴西刑法》规定了针对政府的犯罪行为，无论是私人还是公职人员。这些罪行包括第 333 条和第 317 条规定的腐败（积极和消极），第 337-B 条规定的国际交易中的腐败和第 316 条规定的贪污。

积极腐败包括向公职人员提供或承诺不正当好处，导致其履行、省略或延迟履行其职务所固有的行为。适用的刑罚是 2~12 年监禁，外加由法院规定的罚款。

消极腐败包括由于职位原因直接或间接地为自己或另一方征求或接收不正当好处，即使不担任该职位或在担任职位之前，或接受这种利益的承诺。适用的惩罚是 2~12 年监禁，外加由法院规定的罚款。

国际商业交易中的腐败包括向外国公职人员或第三方承诺，提供或直接或间接给予不正当好处，以引导其履行、撤销或延迟履行与其地位有关的、与国际商业交易有关的行为。对这一罪行的惩罚是监禁 1~8 年，外加由法院规定的罚款。

贪污包括直接或间接地要求自己或另一方，即使不担任该职位，或在担任该职位之前，但因其原因而获得不应有的利益。这项罪行可判处 2~8 年徒刑，另加由法院规定的罚款。

关于腐败问题，必须指出，巴西也是关于这一问题的四项国际条约的签署国，所有这些条约都是通过第 3678/2000 号、第 4410/2002 号、第 5015/2004 号和第 5687/2006 号法律颁布的，所有这些法律都旨在确保公务员在与私人实体的关系中不腐败。

第 3678/2000 号法律解决了与外国公职人员腐败有关的犯罪问题和签署国必须采取的措施。

第 4410/2002 号法律旨在加强预防、侦查、惩罚和根除腐败所需的机制，并明确界定国际交易中的腐败行为。

第 5015/2004 号法律的主要目的是重申将腐败定为刑事犯罪，并制定措施打击这种做法和明确有关法人的责任。

第 5687/2006 号法律规定了签署国关于贿赂本国和外国公职人员及公共国际组织雇员的法律必须采取的措施。

此外，最近颁布的第 12846/2013 号法律规定，法律实体在行政和司法领域对侵害巴西和外国公共行政的行为负有严格责任。

根据上述法律，巴西法律实体可被追究责任，无论采用何种法人类型，如实体是否人格化，事实上或法律构成，甚至是暂时的。同样，在巴西境内设有注册办事处、分支机构或代表机构的外国法律实体可对法律规定的任何犯罪行为承担责任。

应该指出的是，尽管没有法律规定要求法律实体承担刑事责任，但这一行为涉及严重的行政和民事处罚，因为罚款为前一年的实体总收入的 0.1%~20%，或者在 6000~6000 万巴西雷亚尔。如果无法估计总收入，则承担对损害的全额赔偿、公布司法判决、资产损失、部分中止和禁止活动、禁止与公共机构订约和禁止接受公共奖励、补贴、赠款、捐赠或获得贷款，最后是强制解散。

这些行政和民事措施还规定了负责管理公司的人员的责任，即管理人员、董事、董事会或任何有助于从事有害行为的人，除可能的刑事责任外， 根据主观责任，只有在故意行为的情况下才能追究刑事责任。

与上述严厉处罚不同的是，法律文本允许对有有效合规方案的公司适用更宽松的刑罚，并允许对与调查合作并签署宽大处理协议的公司处以最高三分之二的罚款。

（十三）证券法违法行为及相应的刑事责任

第 6385/1976 号法律规范了股票市场并创建了巴西证券交易委员会（CVM），在其 27-C~27-F 条款中规定了针对股票市场的犯罪。

根据这些规定，市场操纵、内幕交易和非法从事职业、活动或职能的做法均应承担刑事责任，尽管有行政或民事处罚（如适用）。

市场操纵是指以人为改变证券市场运作结构为目的进行模拟或盗用相关操作，以获取不正当的利益或利润，或对第三方造成损害。它构成一项罪行，可判处 1~8 年徒刑，并处以犯罪所得不正当好处数额的 3 倍以下的罚款。

内幕交易包括使用相关的机密信息，这些信息不是也不应该提供给公众，因为它有可能在谈判中提供不正当的好处。这一罪行可判处 1~5 年徒刑，并处以犯罪所得不正当利益数额的 3 倍以下的罚款。

非法从事职业、活动或者职务的，是根据法律、法规的规定，未经适当授权或者在有关行政机关登记，担任机构、个人、集体经理、独立审计师或者证券分析师的职务或者在证券市场上活动。这一罪行可处以 6 个月至 2 年的监禁，外加由法院规定的罚款。

在刑事责任方面，在遵守主观责任的情况下，只能追究个人对上述犯罪的责任。

特别是关于内幕交易，必须指出，按照第 6385/1976 号法律的规定，保密义务是刑事责任的先决条件。理论上，只有那些有法律约束力的人才能被判犯有内幕交易罪。

（十四）犯罪组织

新的《犯罪组织和侦查特别技术法》（第 12850/2013 号法律）于 2013 年生效，规定了犯罪组织犯罪，在 4 个或 4 个以上的人以有组织的方式聚集在一起并进行活动分工以利用组织优势从事刑事犯罪时加以适用。

新法律带来的更大变化与证明犯罪组织存在的形式有关。

首先，有一个获奖合作机构。第 12850/2013 号法律第 4 条规定，一名犯罪或参与者在向当局报告存在犯罪组织的情况下，可将其刑期减少 1/3~2/3。

值得注意的是，这类报告必须达到预期的目的，而不是在没有达到目的的情况下就获得奖励。

其次，第12850/2013号法律第8条还规定设立控制行动机构。警察当局可延迟公布一项公然的犯罪，这将有助于代理人获得更多的证据，便利对犯罪组织所犯罪行的起诉和惩罚。

最后，上述法律第3条第7款明确了卧底警察的身份是一个国家代理人，潜入犯罪组织，以获得尽可能多的与犯罪有关的证据。

十八、破产/重组

（一）破产

巴西的破产受2005年2月9日第11101号法律（《破产和重组法》）管辖，并寻求在暂停公司活动后保留和优化对公司资产和其他资源的生产性使用，无论其是否为有形资源。

破产申请可由公司、股东或合伙人或任何债权人提出。

《破产和重组法》列出了债权人必须申请破产的条件，其中一些要求如下：

（1）在信用工具中拖欠超过40倍最低月工资的款项而未提供任何清偿义务的付款；

（2）任意预支资产清算或者以损害性、欺诈性的方式支付的；

（3）模拟交易或将全部或实质上所有资产转让给第三方、债权人或其他企图或实际履行的交易或转让；

（4）未经所有其他债权人同意，且未保留足够资产履行义务的，将营业所转让给第三方、债权人或其他人。

破产法令涉及两个有关信贷的重要事项：一是加速所有公司负债，二是将以外币计价的债务转换为本国货币。

《破产和重组法》规定了债权人付款的信用等级如下：

（1）劳动关系所欠的信贷高达50倍的每类债权人的最低月工资，而欠债源于劳动事故；

（2）以提供担保的资产数额为抵押的对物贷项；

（3）税收抵免，无论其性质和构成时间，除税收罚款外；

（4）特别优惠信贷；

（5）一般特权信贷；

（6）无抵押信贷；

（7）违反刑法或行政法的协商处罚和罚款，包括税务处罚；

（8）附属信贷。

某些信贷不属于破产信贷的级别，必须在任何上述信贷之前支付。这类信贷如下：

（1）司法管理人员的报酬或者与破产法令后有关的劳动信用；

（2）债权人在破产法令后提供的款项；

（3）与破产法令有关或在破产法令后发生的成本、费用和税款；

（4）重组期间授予的货币、产品、劳务或服务的信用额度；

（5）从此类层次结构中排除的信用，如由动产抵押担保的信贷和从出口外汇销售协议中取得的预付款产生的信贷。

在信用等级中最后的附属信贷，应视为法律或合同规定的附属信贷，以及负债的公司合伙人或没有雇佣关系的经理所持有的信用。只有在债务人持有的所有其他债务（包括无担保债务）得到适当清偿后，才能偿还此类信贷。

该条款旨在确保合伙人以及股权投资者对公司债务承担法律责任。

在破产法令颁布后，负债公司的合伙人无法从公司退伙。

在有限责任公司中，每一合伙人对各自限额的价值承担责任，但该公司的所有合伙人对未支付的股本总额负有连带责任。

因此，在有限责任公司破产的情况下，如果其合伙人中有任何合伙人未能支付配额，则所有合伙人均应共同负责支付这些未付数额。

在公司中，股本被分成股份，每个股东在其获得和认购股份的未付发行价值的范围内承担责任。

值得注意的是，每个负债公司的合伙人或股东的个人责任都受到法院分析的约束，这可能会刺破公司的面纱。

主审法官证实公司合伙人或者股东有欺诈行为损害公司资产的，有权冻结合伙人的财产，数额不超过已核实的损害数额。

尽管如此，合伙人和管理人员的本地个人银行账户和其他当地个人资产因纳税和劳动负债而被扣押的情况并不少见。

（二）公司重组选择

《破产和重组法》管辖破产程序，并规定通过司法和法外重组程序重组法人实体。

根据《破产和重组法》的规定，司法和法外重组是旨在为面临破产的法律实体提供机会，在制订企业重组计划后重组其业务的机制。

重组程序使债务人和债权人能够讨论公司活动的未来。据此，法律鼓励取得积极成果，制订债务和债务重组计划，为债务人解决暂时的经济困难提供更好的条件。

债务人可以请求司法和法外重组，债务人可以是个人（以自己的名义有组织地开展业务）或商业实体。

为了从司法重组的救助结构中受益，负债公司必须证明它已连续运作至少两年；在此之前必须没有被宣告破产，或者，如果是的话，必须获得法院关于其先前责任的最后解除裁决；在提出请求前 5 年内不得取得司法重组额福利；以及不得因《破产和重组法》规定的任何类型的犯罪而判处其管理人或控制合伙人。

一旦司法重组请求获得批准，要求对债务人支付某些未付款项的所有法律行动，包括强制执行行动（但不包括税务强制执行行动），在重组依然进行的情况下将暂停 180 天。

在法院批准实施司法重组后 60 日内，债务人必须向法院提交相应的计划，以证明负债公司拟议重组的可行性。

重组计划必须详细说明公司为实施重组和向债权人支付债务而将采取的备选办法，以及其经济可行性，并且必须附有一份关于公司情况的财务报告。

值得一提的是，2014 年颁布了第 13043 号联邦法，制定了一个特别方案，允许已申请或正在进行司法重组的公司按照其条款和条件，以最多 84 次每月和连续的方式偿还联邦税款。

在全体债权人会议上，债权人应由获得充分授权的事实律师代表，负责讨论重组计划的特点，并在必要时对重组计划提出质疑和建议。但是，债务人对重组计划的方式始终有最后决定权，债权人的权力只是批准或拒绝权，债权人不得对计划作出债务人不同意的修改。

债权人代表还负责审议全面修订的重组计划的执行情况。

一般债权人会议以四级信用评级为基础进行发展，具体如下：

（1）第一类包括劳动立法或劳动事故赔偿中的债权持有人；

（2）第二类债权人是以对物抵押品（抵押、质押等）担保的信贷权利的债权人；

（3）第三类包括无担保债权人、一般特权、特别特权和从属债权人，作为一个整体；

（4）第四类含持有信贷的债权人，包括微型企业或小型企业。

除关于批准重组计划或其任何条款的审议外，每类债权人的表决应按债权人大会期间审议的目的，按各自的信用按比例考虑。

在审议重组计划条款的情况下，四类债权人的得票率，分别根据第二、第三类债权人的信用额和债权人人数，单独根据第一类和第四类债权人的数目计算，分别予以批准。

如果重整计划在4个类别中均未获得批准，法院应就批准作出决定，但须符合下列条件：债权人表决的票数超过出席债权人会议的票数的一半以上，无论其是什么类别；其中2个类别获得批准；在重组计划被否决的类别中，至少三分之一的债权人（数量和数目）投票赞成重组计划。

值得注意的是，负债公司资本的利害关系方、附属公司、控股公司和母公司，或持有负债公司10%或以上资本的任何其他公司，均可参加债权人大会，尽管他们无权就与重组计划的特点或其他有关的任何事项投票。

另外，债务公司的合伙人在会议期间可以发言，但是只允许他们讨论并采取行动，以实现一般债权人会议的目标。

如果在一般债权人会议结束时该计划获得批准，则为期两年（无论股东大会实际批准的付款期限如何，通常要高得多）。在主审法官、指定的司法受托人（由主审法官任命）和债权人委员会（如果安装）的共同监督下，负债公司必须遵守所有重组计划的特征。

两年期满后，法院将宣布重组结束；违反重整计划尚存规定的，债权人可以申请具体履行该规定，或者请求将重整转化为破产。

在下列情形下，重整可以变成破产案件：全体债权人会议决定拒绝拟议的重整计划的；负债公司未及时提交重整计划的；如果负债公司在该计划批准后的两年期间违反了其批准的重组计划中的任何一项契约。

在发生法外重组的情况下，重组计划必须由债务人提交给债权人。

如果该计划得到其信贷受到法外重组的债权人的五分之三批准，则该计划被视为已获批准，少数（五分之二或以下）将受到该计划的约束。

批准的计划必须提交首席法官批准。

与司法重组相比，法外重组具有不同的效果，特别是因为它不会中止执行债权人对债务人提起的法律诉讼，因为这是在司法重组情况下进行的，而且不对劳工债权人具有约束力。

十九、房地产

（一）介绍

在巴西，有关房地产事项的问题受房地产所在国的法律管辖。因此，房地产问题主要由《巴西民法典》和其他具体的地方法律（第 4591/1964 号联邦法、第 8245/1991 号联邦法及第 6766/1979 号联邦法《不动产和其他财产分割法》）处理。

根据《巴西民法典》，不动产可通过以下方式获得：逆权管有、增加、购置和继承权。

房地产可以由一人以上共同拥有。共有建筑物在城市住宅和办公楼中非常常见，在这些建筑物中，这种权益以同样的方式登记，具有与绝对自由持有权益相同的法律效力。共有或共同拥有的主要形式有两种：Condomínio 和 Condomínio Edifício。

地役权赋予一个人对另一个人所属土地的有限权利，并且可能是积极的，允许支配土地的所有人对从属土地行使某些权利（如一种通行权）；或消极的，禁止从属业主行使其所有权之一（如建造一定高度的建筑物）。

地表权利赋予一个人在确定的期限内在他人的土地上建造或种植的权利。地表权利可以是有偿的，也可以是无偿的，必须通过公证证书予以批准。

用益权赋予一个人使用他人财产和从他人财产中获利的临时权利（出售权除外）。这是一项临时权利，因此，如果受益人是自然人，则最长期限为用益物权有效期，如果受益人是法人，则最长期限为30年。

一般而言，巴西法律认为外国人（个人和法人实体）在适用于巴西公民和巴西法律实体的相同条件下，拥有和巴西人获得房地产相同的权利。

（二）不动产购置

不动产所有权可通过逆权管有、增加、购买或继承获得。

1. 通过逆权管有取得

根据某些法律要求，逆权管有是通过延长占有获得房地产的一种形式。设立该结构的理由是保证不动产的稳定性和安全性，防止拥有上述不动产或所有权有任何缺陷，或在一定时期后对房产缺乏适当的所有权。

2. 通过增加取得

增加可以定义为最初取得房地产的一种方式，根据这种方式，所有与房地产合并或附属的东西都成为其一部分，如岛屿、因地质事件而增加的土地、以叠加方式取得的土地，以及种植园和建筑，因为所有存在于财产上的建筑和种植园都被认为是由业主自己建造的，并由业主承担费用，除非另有证明。

3. 继承法取得

通过继承法取得房地产发生在不动产所有人过世时，不动产上的权属名称在记录死者资产分割契据并经法院正式确认后移交给所有者的继承人。

4. 收购（购买和销售、捐赠、交换等）取得

取得不动产是指双方（法律实体或个人）执行一项协议，其中一方通过购买和出售、捐赠、交换或巴西立法规定的任何其他类型的协议，将某一财产转让给另一方。

除了由某些可能由不动产登记官注解的公司法所规定的转让所有权的问题，巴西法律规定，对房地产所有权的所有转让都必须通过当事人执行和记录公共契据来进行。

但是，在巴西，各方同意分期付款是很常见的。因此，在执行公共契约之前，双方执行私人协议，双方都承诺出售和购买房地产，并在最后一期付款后，签立公共契据并提交房地产登记官备案。

（三）在房地产登记处登记所有权

为了在巴西购置房地产，必须在适当的不动产登记处登记产权转让。

不动产登记处记录所有涉及不动产权利的契据和（或）合同（所有权、共管权、信托、抵押、地役权、用益权、占有权、租赁协议等）。记录的法律效力是所有权 / 占有对第三方的对抗效力，记录契约 / 合同也会产生对第三方的优先权。在巴西法院下令时，房地产登记处也会记录特定财产的任何附加物或禁令。

将所有权转让给房地产需要缴纳房地产转让税，比率为转移的经济价值的 2%~6%。

（四）房地产抵押

房地产抵押授权权利人通过使用房地产的价值或收益偿还债务，专门用于偿还抵押品持有人的信贷。

抵押贷款担保和银行担保是保护与房地产有关的贷款人或投资者的最常用手段。

1997 年第 9514/1997 号联邦法律列举了担保房地产融资交易的某些类型的物权担保，具体如下：抵押；房地产销售协议（或承诺）产生的信贷权的信托转让；房地产销售协议下的信贷或购置权质押；不动产信托留置权。

1. 抵押

抵押是对债务人或第三方拥有的资产（不动产或法律认为属于抵押权的任何其他财产）进行托管，而不将资产的占有权转移给债权人，赋予债权人在未付款时要求司法出售资产，并优先就出售的收益受偿的权利。

如果设定得当，抵押可以担保债务的本金和所有费用、税收和开支，如损害赔偿和利息，如果债务人不遵守基本信贷协议的条款，债务人可能对此承担责任。公共契约必须包含：当事人的名称、抵押财产的所有权及代其取得抵押物的权利；债项的款额；资产及其个人身份的完整详细说明，否则抵押的所有权将无效。

向房地产登记处登记抵押的所有权是强制性的，对权利的有效性至关重要。登记后，抵押权可对债务人的债权人、获得资产的第三方，甚至对未登记的抵押所有权持有人强制执行。

2. 不动产信托留置权

通过对一项名为“Aliena o fiduciária em Garantia”的不动产设定信托留置权，借款人将其不动产所有权转让给贷款人，以确保贷款或其他融资协议的支付。有关的信托协议必须记录在不动产登记处，根据该协议对不动产的所有权转让将适用“终止条款”，这意味着在借款人全额支付贷款后，获得不动产所有权的权利归借款人所有。

实际上，这是一项由两项业务组成的交易：债务产生的义务及房地产抵押权，体现在对资产所有权的临时转让上。

转让的主要特征是暂时转让，因为债权人获得了资产的署名，然后必须在偿还债务后退还。

只要抵押品有效，借款人将继续实际占有不动产，而贷款人将获得推定占有。如果借款人未能偿还债务，根据贷款人采取的某些程序（包括通知），房地产登记处将专门以贷款人的名义记录该财产，贷款人必须在此后 30 天内举行公开拍卖，出售不动产，并利用所得收益偿还协议规定的欠款，加上全部费用、成本和开支，包括律师费和法律费用、保险费和贷款人与其补救措施有关的税款。

为创建该担保品，公共契约必须在公证处公证，并在房地产登记处登记。如果没有此注册，则只有针对资产所有者的信用证，这不能对第三方强制执行。

（五）外国人取得不动产

巴西的外国居民或获准在巴西交易的外国法律实体取得农村财产，受第 5709/1971 号联邦法管辖。这项立法的重点是三个主要问题：一是普遍禁止居住 / 驻扎在国外的任何个人或法人实体获得农村财产；二是允许居住在巴西的外国个人和获准在巴西进行贸易的外国法人根据国家领土的某些百分比购买有限的农村财产；三是根据提交给政府当局的项目，上述购置取决于土地的实际使用情况。

上述三个条件只适用于可用于农业目的的农村土地，而不适用于城市土地。因此，为城市发展购置土地没有任何限制。

第 5709/1971 号联邦法律规定，居住在巴西的外国个人只能拥有最多 50

个农村单位的土地，这是根据每个地区的具体经济和生态特点以及可能的农业用途确定的。居住在国外的外国人不得在巴西取得土地，但是这一限制不适用于继承法规定的土地购置。

自 1995 年宪法修正案取消了巴西实体与外国资本控制的巴西实体之间的分类，巴西政府一直在分析外国资本控制的巴西法律实体获取农村土地的限制。这一修正还产生了一种几乎被普遍接受的理论上的理解，即第 5709/1971 号联邦法规定的限制不再适用于受外国资本控制的巴西法律实体（因为它们被视为巴西公司），因此这种限制应不予考虑。

联邦总检察长办公室（AGU）证实了对这一学说的理解，其于 1999 年 1 月 22 日在《联邦政府公报》上发表了 AGU/LA-01/97 号意见，指出这一法律规定已被撤销。

从宪法修正案的角度来看，外国投资者在巴西获得土地的另一种选择是成立一家巴西公司，这无疑是一种不那么官僚主义和更快的手段，以满足第 5709/1971 号联邦法规定的要求。

然而，由于外国投资者对在巴西农村地区购置房产的兴趣日益浓厚，加上全球自然资源短缺，政府重新审议了外国人购买农村房地产的问题。

从这个意义上说，2010 年 7 月 13 日，国家司法委员会裁定，房地产登记办公室必须每 3 个月向地方内务办公室（后者将向国家内务办公室和 INCRA）发送一份外国人在其各自管辖范围内的所有农村财产收购清单，无论是法律实体还是个人。这一命令还要求地方内务办公室规范房地产登记处在之前购房列表上的实时汇款。

2010 年 8 月 19 日，AGU 在巴西媒体发表的几篇文章中发布了一项新意见（AGU/LA-01/2010 号意见），与 AGU/LA-01/97 号意见（在过去 13 年中观察到的意见）相反，巴西政府表示需要更多地控制外国人对巴西农村土地的收购。

虽然 AGU 的意见不是对公众的最终具有约束力的解释——因此其准确性和合法性可能在巴西法院有争议——但它对联邦政府行政部门的所有机构都具有约束力。

AGU 最近的意见中讨论的问题涉及联邦法第 5709/1971 号的持续适用，以及对以前 AGU 意见的解释的变更，该意见过去曾宣布联邦法第 5709/1971

号未被宪法承认。

该法规定，外国公司只能为开发和实施农业、工业和（或）殖民项目而获得的农村土地，并且只有当项目是购买土地的外国法人实体的公司目的的一部分时，才能给予批准。项目必须由农业部或巴西工商部逐案批准。

在这种收购对国家利益项目的发展很重要的情况下，总统可以通过总统令授权进行这种收购。

联邦法律 8629/1993 规定，第 5709/1971 号法律规定的限制也适用于国家司法委员会发布的第 43/2015 号指令增加的农村财产租赁。这一立法规定，外国个人或法律实体对农村财产的租赁必须强制签订公开契约。

联邦政府设立了一个小组委员会，研究和提出关于外国个人和法律实体在巴西取得和使用农村土地的程序的措施。这种小组委员会已经提出了一项法案草案，并提交了农业委员会表决，农业委员会将就此进行审议，并决定是否将其提交众议院投票。从那时起，该法案草案应受常规立法程序的制约。

上述法案草案建议对外国资本拥有的国家实体适用较不严格的限制和参数，因此，这一领域的变化预计会发生，尽管还有很长的路要走。

根据巴西法律，房地产所有权要求将转让文件登记在房地产登记处。《公证人和不动产登记处条例》禁止任何违反第 5709/1971 号法律规定的限制的不动产购置登记，若有此类登记将被视为无效。

2012 年 12 月，圣保罗州上诉法院改变了立场，解除了公证处和不动产登记处遵守第 5709/1971 号法律的义务，并遵守了关于限制巴西外国资本公司购置和（或）租赁农村财产的第 74095/1974 号监管令。因此，圣保罗州公证处和房地产登记处不再要求出示 INCRA 签发的关于向巴西外国资本公司（根据第 461/2012 号意见应视为巴西公司）购买和（或）租赁农村房产的交易登记的事先授权书。

虽然这一决定仅对圣保罗州公证处和房地产登记处具有约束力，但它可能是改变对其他地方司法内务办公室甚至 CNJ 的理解的有利先例，并且再次确认巴西公司和巴西外国资本公司在收购农村土地方面没有区别。

尽管如此，建议对这一决定的效果和范围采取谨慎态度，因为 LA-01 AGU 意见仍然有效，INCRA 仍受其中规定的决定的约束。

外国个人或法人在被视为国家安全的地区取得土地，须经国防委员会事先批准，第5709/1971号和第74965/1974号联邦法令对此作了规定。巴西立法规定，被视为国家安全地区的领域是：公共空置物业（无特定用途的公有土地）及边境地带内的土地，是沿巴西领土陆地边界平行150千米的地区。

关于海岸，联邦政府在不加重财产和支付年度特许权使用费的情况下授予使用所述房产的权利。第2490/1940号法令和第3438/1941号法令规定，巴西公民、出生的巴西国民和外国人在使用以下地产时需要缴纳联邦政府管理的特许权使用费：海岸；用来进入海岸的土地，无论是在主陆地上还是在岛屿上。

因此，第9760/1946号法令规定，位于边境地带的土地、沿岸或在防御工事和军事设施周围1320米范围内的土地只有经总统授权才能出售给外国个人或法人。

（六）租赁房地产

关于出租城市财产的法律框架由1991年颁布的联邦法律第8245号（《租赁法》）规定。

《租赁法》为租户提供优先购买权。因此，如果业主想将一项财产出售给第三方，该财产的承租人有权优先在任何其他潜在买受人之前购买该财产。

《租赁法》并未规定最低或最长租期，但如果期限为10年或以上，则房东的配偶必须以书面形式同意执行租赁协议。

至于住宅租契，租期宜定为30个月。如果该财产在上述期限后没有腾空，房东有30天的时间提起驱逐诉讼；否则，租赁就被认为延长了一段不确定的期限。在这种情况下，如果业主打算终止协议，必须提前30天书面通知房客将财产迁出。如果房产未归还房东，可提起驱逐诉讼。

在上述情况下，在租期内，业主只能在期满后收回财产。另外，租户可在期限届满前终止协议，但须支付可由合同商定的罚款，并按照财产实际占用期间按比例支付。如果租赁协议没有规定罚款，法官必须确定数额。

在商业租赁协议中，承租人在提起具体诉讼后，可以在司法上延长协议的期限，但须符合下列所有条件：

（1）租赁协议必须是书面形式并在一定期限内执行；

（2）协议的最短期限，或连续和不间断占用财产时间的总和，必须至少为 5 年；

（3）承租人必须至少在过去 3 年内使用该物业发展同一业务；

（4）业主要求延长期限必须在有效期届满前至少 6 个月。

《租赁法》明确禁止房东为同一协议要求一种以上的抵押物。

出售租赁财产本身并不会触发租赁协议的终止，但租赁财产的购买者有权解除该协议，条件是该财产没有在不动产登记处正式记录，而且没有明文规定买受人应遵守租赁期限。

（七）巴西不动产税

根据巴西法律，有与不动产有关的特别税收。

1. 房地产税——IPTU（市政税）

城市房地产的所有权税每年由税务机关按所述房地产的价值征收（通常接近市场价值）。费率根据不动产所在地的市而不同。

2. 农村土地所有权税——ITR（联邦税）

农村土地所有权税每年对土地本身的价值征收（不含作物、建筑等），税率根据房产的大小和使用程度而有所不同。如果公司收购农村土地，可能需要缴纳此税。

3. 房地产转让税（负义务转让）——ITBI（市政税）

除了向公司资本出资的情况，对所有房地产的房地产转让税以不同的税率（取决于房产的价值）收取。

二十、保险、再保险和补充养老金计划

（一）监督

巴西私人保险理事会（CNSP），是负责颁布关于保险公司、再保险公司、经纪人和公开的私人养恤金计划的设立、组织、运营和交易的规则的监管机构，而私人保险总监（主管机构为 Susep）根据需要，负责执行和规范这些规则，并对整个市场进行监督。这两家机构都由财政部领导。

养老基金（或封闭式私人养老基金）与特定保荐公司制订福利计划关系

更为密切，由国家补充养老金计划委员会（CNPC）管理，并由社会保障部附属的补充养老金计划总监（PREVIC）监管。

补充医疗保健系统是巴西公共卫生保健系统的补充，由补充医疗保健委员会（CONSU）和巴西私人医疗保健机构（ANS）监管，两者负责设立、组织和监督该领域的医疗保险市场和公司（如合作社、集体医疗保健和自我管理）。

（二）法律框架

适用于保险和再保险合同的大多数法律规则在《巴西民法典》和第126/2007号法律中有所规定，而财产、伤亡和人寿保险则受CNSP和SUSEP颁布的特定法规的约束。在补充医疗保健系统的背景下，合同和补充养老金计划受特定法律法规的约束。

如果这些合同涉及消费者（一般来说，保险协议被视为消费合同，小型企业等实体往往属于这一概念的范畴），它们也须遵守《消费者保护法》，该法规定了高度保护消费者权利的准则和原则。

（三）许可程序

巴西保险公司、再保险公司、资本化公司、开放式私营养老金公司和保健公司的注册、转让或重组及其他行为涉及立法中规定的一系列程序以及SUSEP和ANS的授权，包括提出业务计划和确定股东身份。

为了在巴西经营，保险公司必须在巴西注册为股份公司。巴西保险公司的所有权不受外资利息的限制。

保险或开放式私人养老金公司的最低资本包括基础（固定）资本与风险资本中的较高价值。

为了在巴西所有州开展业务，所需的最低基本资本为1500万巴西雷亚尔。如果一家保险公司仅在某些地区经营，则必须保持固定金额120万巴西雷亚尔，加上根据该保险公司获准经营的地区确定的可变数额。

关于风险资本的计算和采取计划纠正和恢复程序都有非常详细和具体的规则。

（四）保险销售与认证

保险或再保险经纪人可以是个人或法人实体，是合法授权进行保险和再保险合同的中介协调人。

根据巴西法律，保险公司不得成立姐妹经纪公司。事实上，经纪人不得由保险公司拥有或维持任何雇佣关系或担任保险公司的董事。有些金融集团确实有保险公司和保险经纪人，但后者与控股公司或银行有联系，从未与保险公司有联系。

法规规定，只要这些公司运营以下方面业务，就需要对 SUSEP 认可的保险公司的员工和类似人员进行认证：平均调节和结算、内部控制制度、客户服务及直接销售保险产品、资本化和开放式补充养老基金。

法规还规定了在前面提到的相同领域行事的保险经纪人的证明，但内部控制制度除外。

（五）再保险

巴西立法规定了三种类型的再保险：当地的、获准的和临时的。获准的和临时的再保险公司是外国公司，而本地再保险公司是根据巴西法律成立的公司，总部设在巴西，并为股份公司。

作为一项一般规则，保险监管适用于再保险人，但须符合保险监管机构的技术、合同、操作和风险特点及保险监管机构的规定。

当地的再保险公司必须至少有 600 万巴西雷亚尔的资本，并必须符合基于风险的资本和偿付能力保证金要求。

入境和临时再保险公司是在 SUSEP 注册的外国公司，其净资产分别至少为 1 亿美元和 1.5 亿美元，它们通过一份委托书委托一名在巴西居住的个人事实律师设立，并提交许多文件，包括财务报表。在特殊情况下，经过协商，SUSEP 可以授权保险公司或当地再保险公司担任临时再保险公司的律师。

获准再保险公司还必须在巴西设立代表处，由 SUSEP 事先授权并命名，其唯一业务是代表获准再保险公司。该代表必须以巴西为住所，并可能被要求持有委托书。

代表处可以是巴西公司或分公司。注册为获准再保险公司的公司目前代表处至少有五分之四的资本，再保险集团也不例外。

如果获准再保险公司运营所有类型业务，其还必须保留一个价值至少500万美元的SUSEP托管账户；或者如果它仅适用于人寿再保险，则至少为100万美元。

Lloyd’s已被确认为获准再保险公司，其代表处位于里约热内卢，其中央基金可以作为达到上述最低指数而设的净资产。

获准和临时再保险人的评级要求如表1所示。

表1　获准和临时再保险人的评级要求

获准	
风险评级机构	要求的最低水平
标准普尔	BBB级
惠誉国际	BBB级
穆迪	Baa3级
贝氏	B+级
临时	
风险评级机构	要求的最低水平
标准普尔	BBB级
惠誉国际	BBB级
穆迪	Baa2级
贝氏	B++级

本地再保险公司较获准及临时再保险公司有两项明显的优点：每份合同的市场准备金率为40%，以及为人寿保险和人寿保险的再保险保险的专属权，以及补充养老基金交易。

根据新规定，上述市场储备金率将逐步减少，如下所示：自2016年12月31日起为40%；自2017年1月1日起为30%；自2018年1月1日起为25%；自2019年1月1日起为20%；自2020年1月1日起为15%。

与获准再保险公司相比，在巴西的临时再保险公司在任何情况下都不需要设立代表处或维持储备金，但其总部可能不设于避税天堂[①]，它的业务将受到行政部门规定的 10% 的再保险率（当客户是巴西保险公司）和 50% 的转分保率（当客户是当地再保险公司）的限制（第 6499/2008 号法令）。

此限额的计算基于保险公司在日历年(1 月 1 日至 12 月 31 日)的所有业务。

获准及本地再保险公司必须维持适当的内部控制制度。这方面并没有最低限度的架构，但在为每个获准再保险公司设立内部控制时，应考虑有法规列出的最低限度的因素。

反过来，这种结构的大小和复杂性取决于每个公司运营的复杂性。这样，所有最低限度的元素和程序都可以包含在由一个或两个人组成的极其简单的结构中以及在具体的报告中。

在向 SUSEP 报告信息方面，获准再保险公司还必须每月提交一份 FIP（定期信息表格）。这是一整套表格，由每家公司填写，提供关于其结构和业务的信息。

（六）再保险合同

巴西保险公司和当地再保险公司只能将再保险和再保险交易中的风险分配给当地的、获准的和临时再保险的再保险人，无论是否有再保险经纪人的中介协调。

由于巴西法律是为建立和发展一个强大的地方再保险市场而制定的，它为当地再保险公司提供了市场储备。

实际上，巴西保险公司必须向当地再保险公司提供 40% 的风险转移。如上文所示，市场储备金率将逐步减少。

他们将有 5 天（对于可选合同）和 10 天（对于自动合同）正式确定他们对全部或部分接受风险的兴趣，并且沉默将被解释为拒绝。

在下列情况下，向地方再保险公司承担风险的义务将被视为已履行：已咨询所有当地再保险公司，但未表示有兴趣全部或部分接受 40% 的风险，或 40% 的风险已转移给当地的再保险公司。

市场储备不适用于当地再保险公司的转分保险，而本地再保险公司和保

① 避税天堂是指不对收入征税或以低于 20% 的税率征税的国家或附属国家，或其国内法律对公司所有者或其代表规定相对保密的国家或属地。

险公司只能转让 50% 的保险费，这些保险费是针对每个日历年承保的风险发放的。巴西的子公司（保险公司和当地再保险公司）也不得将每笔配售的保费的 20% 以上转让给属于同一金融集团的外国再保险公司。根据新规定，这一百分比已经增加，如下所示：2016 年 12 月 31 日前为 20%；从 2017 年 1 月 1 日起为 30%；从 2018 年 1 月 1 日起为 45%；从 2019 年 1 月 1 日起为 60%；从 2020 年 1 月 1 日起为 75%。

这些规则的例外情况适用于以下领域：保证金、出口信贷、农村信贷、国内信贷。

就转分保限制而言，SUSEP 还可以授权特定情况下百分比大于 50% 的转让，前提是这是出于技术上合理的原因，并且它可以根据一般规则指明该限额不适用的其他领域或保险业务。

每当被投资者将其再保险或转分保交易（转让保费和可收回的债权）集中在单一的获准或临时再保险公司时，也必须通知 SUSEP，具体取决于再保险公司的评级。

至于合同，法规在编写和构建合同文件时提出了一些必要条件，如破产条款及禁止直接付款条款（除非是在已经破产的情况下，如果合同是可选的，或在这种情况下有一个条款要求直接付款的其他任何情形的，再保险人未向分保人支付赔偿金，分保人也未向被保险人支付赔偿）。

如果存在中介，中介条款不得限制和制约既得利益者和再保险公司之间的直接关系，也不得赋予再保险经纪人在履行其职责所需和适当之外的权力。

合同必须规定经纪人是否有权获得赔偿和保险金，因此向经纪人支付赔偿金并不代表再保险人的义务得到履行，支付给经纪人保险费必须视为立即解除其义务。

此外，条例还规定，除其他必要条件外，再保险交易的合同正式化必须在 270 天内进行。在此期间之后，如果没有正式化，再保险将从一开始就被解释为不存在。寻求保护国内领土内风险的合同必须规定将任何争端提交巴西立法和管辖，允许仲裁条款，根据具体法律，该条款可要求适用外国法律。再保险人拒绝支付赔偿金所产生的诉讼和仲裁程序必须在诉讼程序开始之日起 30 天内向 SUSEP 报告。

2010 年 8 月 26 日第 137 号补充法修正了第 126 号补充法第 4 章第 9 条，

允许 CNSP 向首章第 9 条第 1 款和第 2 款未涵盖的人进行再保险和再转移交易中的风险转移，即保险公司及本地、获准和临时再保险公司。

这个问题至关重要。该规定适用于任何类型的再保险和转分保，并且意味着在法律上有可能将风险转移给再保险公司和未经授权或未经注册的实体，前提是获得授权和注册的当地、获准和临时再保险人的能力不足。

二十一、石油和天然气

（一）石油和天然气部门

根据《联邦宪法》，石油、天然气和其他矿产资源是联邦的财产。石油、天然气和其他流体碳氢化合物（E&P）的勘探和生产由联邦政府垄断，原油的提炼、进出口和海运及管道运输也是如此。从 1953 年成立到 1995 年颁布宪法修正案九为止，国营公司对巴西的石油和天然气活动拥有专属控制权，因此不包括勘探与生产活动中的任何私营公司。

1995 年，宪法修正案九颁布，取消巴西国家石油公司在 E&P 活动中的排他性，并允许联邦政府与私营和国营公司签订合同来执行这些活动，从而弱化了国家垄断地位。

宪法修正案九向国内和外国私营公司开放了上游部分。1997 年通过了第 9478 号联邦法（《石油法》），为石油和天然气活动建立了新的管理框架（特许权制度），并设立了国家石油管理局（ANP），以促进与石油和天然气工业有关的经济活动的监管、订约和监测。

ANP组织新监管框架的引入和连续的年度招标，吸引了国内外对巴西的投资，包括来自国际领先的勘探与生产企业。根据ANP，2012年E&P部门有77家公司，其中38家是外国公司。尽管该行业在20世纪90年代末向私营公司开放，但巴西国家石油公司仍然是该国石油部门的主要参与者，在上游、中游和下游活动中占据突出地位。

（二）特许权制度

在这种制度下，勘探与生产业务受到 ANP 组织的招标之前的特许权合同管理。通过这些特许权合同，政府授予根据巴西法律注册的公司或共同体在指定区块勘探、开发和生产碳氢化合物的专属权利，通常为期 30 年，由它们自己承担费用和风险。（石油和 / 或天然气）产品完全属于特许公司所有。

作为回报，《石油法》规定由特许公司按照招标协议的规定支付以下类型的政府费用：

（1）签署津贴：招标公司在拍卖中提供的金额。最低价值在招标轮次的招标协议中确定。

（2）特许经营费：特许经营活动特许权持有人所负担的经济补偿，相当于每个领域产值的 5%~10%。

（3）特殊利润——共享：特许权持有人所负担的特殊补偿，仅在大量生产或现场高利润的情况下收取。

（4）占用或保留土地的付款：特许权持有人每年支付的数额，从投标协议和特许权合同规定的特许权合同签署之日起算。

除欠巴西政府的这些股权外，《石油法》还要求向土地所有者支付一定比例的产量（通常为 1%）。

一轮具体投标的招标议定书除其他规定外，还规定：拟提供的区域，在每个区域执行的最小勘探方案，购置设备和服务的最低本地含量要求及有资格参与投标的候选人的技术、财务和法律资格标准。

此外，在评级系统上评估石油和天然气特许权的竞标，根据投标人提议的签署津贴，最低勘探计划和本地内容授予评分。

作为国家政策的问题，ANP 在其投标过程中包括对本地内容的最低要求，这些要求可能因轮次而异，具体取决于所提供的位置和相应的材料、设备或服务。例如，第 12 轮招标中的部分本地内容百分比在勘探阶段为 70%~80%，在生产阶段为 77%~85%。

在某些有限的情况下，特许公司可以要求放弃或修改其在特定物品或子物品采购方面的当地内容承诺（例如，如果用于供应本地货物和服务的投标过高或可能导致发展计划的延迟，或在投标时不可用的新技术仅可从外国供应商获得时）。但是，此弃权或修改不会影响对本地内容标准作出的总承诺。

最后，被授予特许经营权的投标人必须从环境保护机构获得某些环境许可证，以便在被授予的地区从事 E&P 活动。

（三）下游概况

1. 精炼

与 E&P 活动一样，国内或国外石油的提炼属于联邦政府垄断。如果国家通过国家石油管理局的具体程序授权，石油提炼和天然气加工可以由根据巴西法律注册的私营公司进行。

目前，巴西的炼油能力约为每天 2105795 桶，分为 16 家炼油厂，其中 12 家归巴西国家石油公司所有，另外 4 家为私人炼油厂。

巴西国家石油公司和两个私营部门正在扩大和（或）现代化炼油厂。巴西石油公司已经对部分子公司的设备进行了改装，以处理较重的原油。

2. 运输

联邦政府垄断国内原油的海上运输或国内生产的石油副产品运输，以及一般的管道运输。与此类似，宪法修正案九也放宽了巴西国家石油公司的垄断，允许私营公司从事石油及其衍生产品和天然气的任何运输。

根据《石油法》，根据巴西法律设立的任何公司或公司共同体可获得国家石油管理局的授权，以建造设施和从事石油及其衍生产品和天然气的任何运输，无论是国内供应、进口还是出口。运输包括：石油及其衍生物和天然气在管道、码头或船舶上的运输和储存，以及新建管道、码头或船舶的施工与运行。

2009 年，政府颁布了第 11909 号联邦法（《天然气法》），其中规定了通过管道、储存、液化、再气化、处理、加工和销售天然气的运输活动，并引入了一些关键要素，以鼓励该国天然气工业的发展。《天然气法》受到部分与会者的热烈欢迎，特别是关于在管道建造和运营中引入竞争的规定、第三方获得新的和现有管道的保证的规定，并创造一定程度的批发竞争，让工业消费者和燃气发电商绕过当地的分销公司，直接从生产商、进口商或零售商那里购买天然气。

《天然气法》规定了天然气运输管道的建造、扩建和运营特许权制度。能源部将主动或应第三方的请求，提议新建管道或扩建现有管道。新的管道建设和扩建项目之前将是一个开放季节，旨在识别潜在的托运人和项目的兴趣水平。授予运输特许权的主要标准是每年最低的收入。天然气运输服务的初始用户被授予一个排他性期限以使用新租赁范围内的运输天然气管道，不得超过 10 年。这种排他性期限应由能源部根据具体情况进行研究确定，并考虑投资开放前的预计摊销时间。

认识到透明和非歧视性准入制度对于发展竞争性天然气市场的交通网络的重要性，《天然气法》确保即使在独家授权期间第三方也能进入该领域。

预计 ANP 仍将发布关于开放使用天然气输送管道的条款和条件的进一步规定。

巴西国家石油公司是该业务的主要参与者，主要通过其子公司 Transpetro 参与业务。巴西国家石油公司为玻利维亚—巴西天然气管道的建设和运营创建了另一家巴西国家石油公司的子公司：PetrobrasGásS.A.。

（四）新的法律框架

2007 年，巴西国家石油公司宣布了过去 30 年来在西半球发现的最大的石油和天然气集聚。这些新的石油和天然气资源的巨大潜力，即所谓的盐下储集层，除了绝对体积，石油的质量——被认为是一种具有高商业价值的轻质原油，还有迄今发现的储量表明勘探风险相对较低的事实，促使政府重新考虑该国的石油制度。

因此，巴西政府选择在盐下地区和其他战略地区引入勘探和开采碳氢化合物的生产共享制度，从而维持这些地区的勘探和生产作业的特许权制度。

新的法律框架由三部法律组成。新制度的主要支柱是第 12351/2010 号法律，该法律管理生产共享制度下的勘探与生产活动。在该框架下，如果有商业发现，承包商将有权从生产的石油和天然气（称为成本油）的成果中收回成本和投资。根据合同规定的标准，总产量、石油成本和特许权使用费费用有关部分两者的差额，由联邦政府和承包商（称为利润油）之间分摊。承包商将承担勘探和开发的风险。

此外，新的监管框架加强了巴西国家石油公司在盐前地区业务中的作用。该框架规定，巴西国家石油公司将是联邦政府根据生产分享制度授予的所有地区的独家经营者，共同体至少有 30% 的利益将与第三方承包商共同合作形成。联邦政府可以直接与巴西国家石油公司执行生产分享协议，也可以通过涉及拍卖的公开招标程序执行生产分享协议。最后，盐前立法中引入的另一个方面是巴西国家石油公司有权参加公开招标，这可以扩展其在共同体中最低 30% 的利息。

第二项立法，即第 12276/2010 号法律，授权联邦政府将巴西国家石油公司的某些地区分配到盐前地区，这些地区拥有 50 亿桶当量的石油，免除了公开招标的要求，但须由巴西国家石油公司以政府债券支付。这些地区的特许权要求巴西国家石油公司承担所有风险，才能最终拥有产出。

对于巴西国家石油公司未直接与联邦政府签订合同的情况下所需的公开招标，新的监管框架还规定了一些额外的强制性要素，例如，投标人必须遵守的最低当地含量，以及由签订协议的各方支付的签署津贴的价值。此外，根据拟议的制度，将协议授予投标人的标准是向联邦政府提供最高百分比的利润石油。参与公开招标的外国公司如果获得合同，还将被要求根据巴西法律组建当地公司。

第三项立法是第 12304/2010 号法律，授权成立一家上市公司 Pré-Sal Petróio S.A.（PPSA），目的是管理联邦政府拥有的生产共享协议和碳氢化合物流体贸易协议。PPSA 将在运营委员会中拥有投票权。

新框架的最后一个支柱是建立社会基金。该社会基金将成为巴西社会项目的常规融资来源。

（五）税收优惠

巴西立法规定了上游、中游和下游活动的税收优惠和特别税收制度，并规定公司有可能从通常对石油开采和测量、购买和进口原油、原材料、成品或半成品、设备、机械、工具、设备，以及与这些活动直接相关的零部件等征收的税收中受益。

二十二、海事法

（一）一般规则

传统上，《海商法》被称为最古老的法律分支，而在巴西，这与事实相差无几。管理此事的基本法于 1850 年颁布（第 556 号法律），称为《巴西商法典》。

作为一般规则，法典规定了船舶周围关系的整个私有结构，以及参与航运活动的人员、主要合同、保险、因碰撞造成的损失、海损总额和责任。

除法典所处理的问题外，还有其他重要的法律涉及海事法的具体问题，如海洋抵押、巴西特别记录、海上溢油等。此外，巴西还颁布了法令和规范性规则，以便使这种旧的法典适应目前海上商业情况的要求。

航行安全是海洋活动稳定发展的一个基本问题，因此，在巴西，这一问题仍然属于海事管理局的管辖范围，由巴西海军通过港口和海岸主管正式行使。

除通过分布在整个巴西的港口船长行使的海事管理局的调查权力外，法律还授权海事局管理有关航行安全方面的活动及其与海上其他用途的关系，如电缆安装、海底科学研究等。

然而，上述管理权限实际上是由海事管理局通过海事管理局规则（NORMAM）行使的，该规则还涉及船舶认证、船级社、在巴西过境的外国船只、领航员服务、海军检查活动、船舶压载水、海洋气象、行政调查等。

为了更好地说明巴西海洋活动的发展情况，宜说明主要机构及其在海上系统和巴西航运中的作用。

（二）港口船长

港口船长制度一旦成为海事局制定其规则的有效手段，便在海上交通管制中起着基础性的作用。除其他项目外，其权力涉及进入巴西管辖水域的海上安全和可能造成国家管辖范围内水域污染的事件。

港口船长是国防部的一个部门，通过位于所有有组织港口和海滨地区的代表处在巴西领土内作为海事权力机关运作，它有权就与海上安全有关的广泛问题制定规则。该海事管理局还管理试点服务，确定每个船舶所需的最低安全人员，确定要在船上和平台上运载的设备，确定国内航行的界限，并制定与海军检查和调查有关的规则。

鉴于其在管理和控制海上安全方面的权力，管辖海事法庭设立的第2180/1954号联邦法律规定，港口船长有权在其权力范围内调查海上事故。

（三）海事法庭

海事法庭拥有对国家领土的管辖权，是一个协助司法机关的自我调节机构，与海军司令部有联系，其目的是对海上、河流和湖泊案件进行审判。考虑到有关海洋领域问题的技术方法，联邦第2180/1954号法律规定了与在海上、湖泊和河流航行中观察到的事故和相关事实有关的行政违法行为的调查和判断程序。

诉讼程序从船长港的调查开始，其正式提交海事法庭的结论将给予适当的判决和处罚，包括从罚款到暂停海事活动等。

该机构虽然被定义为一个法庭，但它是海军的一个分支机构，有一个行政主体，由7名法官组成：一个主席，为在职或退休的海军上将；两名军事法官，为退休海军军官；四名民事法官——保险、海事和国际公法专家。

海事审裁处在接获调查记录后，会分析所收集的所有证据，并决定有关意外的港口船长的报告是否足以对案件作出判决，或是否需要收集进一步的证据，以作出裁决。为此目的，法庭设有一名海军特别检察官，有权审查船长移交的整个调查工作，并要求对判决案件进行必要的调查。在海事法庭的审查和判决之前，对侵权索赔没有法定诉讼时效。

如上所述，海事法庭是一个行政机构，其决定是州和联邦法院裁决的指导方针。法院的判决仅限于案件的技术方面，其执行结果是处以行政处罚，如罚款、吊销海员证书、执照等。

（四）里约热内卢州的专门司法机构

为了改善对海事问题的司法裁决，里约热内卢州法院为海事案件设立了专门机构。

现在，考虑到这一领域已纳入《巴西商法典》，海事司法裁决由负责破产和所有公司问题的法官进行。

海事活动通常受习惯法和书面规则的制约，这些规则混合了英美法系和大陆法系的渊源，这些规则要求与所有这些问题密切相关的专家法官进行相应的审判。

为此，里约热内卢州把海事案件纳入这些专门审理公司和商业事务的机构的权力范围内。

（五）巴西水路运输局

自联邦法第 10233/2001 号颁布以来，巴西的水路运输市场受到巴西水路运输局（ANTAQ）的监管。作为巴西交通部的一部分，该机构通过监管、监督和控制私营实体提供的海运服务，包括勘探港口基础设施，在市场中发挥着重要作用。

根据水路运输规则，ANTAQ 除海洋和港口活动的其他重要职能外，有权授权公司在巴西港口和（或）巴西货物范围内提供海运服务、授权外国船只由巴西航运公司租用、控制造船程序、核准修订 / 调整港口费率的提议、为港务局制定规则、为有组织的港口的特许经营权或为批准私人使用码头组织投标程序。

ANTAQ 还负责实施交通部和国家运输政策一体化委员会（CONIT）的政策。

随着 ANTAQ 的出现，整个行业开始受到 ANTAQ 的组织、监督和监管。ANTAQ 的作用是至关重要的，不仅对巴西管辖水域内船只的运作至关重要，而且对租用外国船只以及与有组织的港口和私人使用的码头有关的活动也是如此。

（六）船舶登记

要解决海事问题，必须关注船舶问题。根据巴西法律，巴西海事活动的许多部分，如国内运输，巴西国家货物运输和一定比例的进口货物，原则上即使是远洋航行，也应使用巴西注册船舶。

根据经第 9774/1998 号法律修正的第 7652/1988 号联邦法的规定，巴西船舶是在船东所在地或船舶应运营地点的巴西海事局内正式登记的船舶。

船舶登记对于划定巴西法律的治外法权也很重要，因为这些规则始终适用于悬挂巴西国旗并在巴西注册的船只上的所有活动。

总吨位超过 100 吨的船只必须在里约热内卢海事法庭登记。其他船只的登记很简单，属于港口船长的职权范围。

登记也可以在巴西的任何大使馆或领事馆进行，该大使馆或领事馆将签发临时登记，有效期至船舶抵达注册港时为止。

不居住在巴西的外国人不得注册船舶，但用于体育和娱乐的船只除外。

（七）巴西特别登记处

在工作机会极为缺乏的时期，海洋部门设立了巴西特别登记处，作为促进海洋工业和整个巴西海洋活动的工具。

在海事背景下提及海事法庭的船舶特别登记处非常重要，该船舶特别登记处使船东和 / 或承运人能够获得免税，增加船员中的外国人人数，在国外雇用保险，并从商船基金获得财政援助。

这一登记是根据第 9432/1997 号联邦法进行的，由第 2256/1997 号联邦法令进行规范。

巴西航运公司运营的每艘巴西船舶均有资格使用此登记处。如果巴西航运公司租用悬挂国旗的裸船，外国船只可能有资格使用。

（八）建造、维护 / 修理、改装船舶和港口现代化的税收优惠

为了推动巴西海军工业的发展，《巴西海关法》对维修船舶的备件进口规定了一些重要的免税措施。对于进口用于船舶现代化和改装的备件和设备，也规定了同样的待遇。

必须满足以下几项要求，财政部才能给予这些免税措施：受益人必须为此目的在财政部登记；进口货物的运输必须在悬挂巴西国旗或由巴西船运公司租用的船舶上进行；对于船舶现代化或改装，必须在巴西特别登记处向海事法庭登记。

还有一个税收制度，用于进口造船过程中使用的零部件和设备，或替换已进口和使用于造船链中的零部件和设备。

第 11033/2004 号法律建立了港口基础设施现代化和增长的税收制度（REPORTO），旨在加快其受益人获得资本货物的速度。该系统于 2004 年 8 月 9 日成立，最初计划于 2007 年 12 月 31 日失效。第 11726/2008 号法律将这一失效日期延后至 2011 年 12 月 31 日，第 12688/2012 号法律将这一日期延后至 2015 年 12 月 31 日，第 13169/2015 号法律将这一日期延后至 2022 年 12 月 31 日。

REPORTO 暂停对国内销售机器、设备、备件和其他货物征收若干税（IPI、PIS/COFINS），作为受益于该系统的公司的固定资产，专门用于港口装卸和货物转运服务、业务支持和安全系统、环境保护服务、疏浚服务，并在专业培训中心进行职工培训和教育。

当 REPORTO 受益人是货物的直接进口商时，它还将受益于暂停进口关税、IPI、PIS/COFINS——进口税。然而，暂停进口关税只适用于没有类似国内产品的机器、设备和其他货物。

REPORTO 的暂停征税，在进口货物适用于向海关当局申报的目的的条件下，将转变为税收减免。

二十三、航空

（一）通则

巴西的航空活动主要受联邦法第 7565/1986 号（《守则》）通过的巴西航空法的约束，该法适用国际公约采用的原则和规则，如 1929 年《华沙公约》（经 1955 年《海牙公约》修订）、1944 年《芝加哥公约》、1948 年《日内瓦公约》、1955 年《罗马公约》、1963 年《东京公约》和 1999 年《蒙特利尔公约》。

《守则》概述了适用于巴西航空、空中交通、航空基础设施、飞机、机组人员和直接或间接与飞行有关的服务的概念。

鉴于与飞行有关的私人关系的深度，有必要制定一项规范这些问题的法律法规，以统一民航活动的法律制度。在上述问题中，《守则》涉及巴西航空空间的概念、机场的建造和运营、航空安全、飞机、认证、登记、责任及许多其他与空运人员和货物有关的重要议题。

然而，考虑到《守则》是 1986 年颁布的，此后在该部门引入了许多创新。例如，使用称为无人机的无人驾驶飞行器——联邦参议院目前正在讨论一项修订和更新《守则》的法案。

为了概述巴西的航空情况，需要对相关航空机构和主题进行一些考量。

（二）巴西民航局

自通过 11182/2005 号联邦法以来，巴西航空运输市场一直受巴西民航局（ANAC）的监管。巴西民航局由巴西国防部下属的民航秘书部（SAC）和民航委员会执行秘书处（CONAC）协调，该机构通过监管、监督和控制私营实体提供的航空运输服务，包括机场运营，在市场上发挥着重要作用。

ANAC 授权公司通过颁发航空运输公司批准证书（CHETA）并认可适用于外国航空承运人的证书来制造航空产品并在巴西机场提供航空服务。国家航空公司还负责承认特定航线上的航空服务，并通过签发批准书（HOTRAN）批准所有进入巴西和（或）飞往巴西的航空公司的飞行时间。巴西民航局还在与该领域相关的技术问题的立法过程中发挥特殊作用，并有权制定针对航空活动所涉及部门的参与者的投标规则。巴西民航局还作为航空承运人和机场运营人的行政争端解决机构。整个公共机场基础设施由巴西机场基础设施公司（INFRAERO）控制，该公司是一家国有公司，由 ANAC 监管。

此外，巴西空中交通由巴西空军空中交通管制部（DECEA）控制，后者负责所有航空系统的空中交通管理、气象、通信、航空信息、制图、执行、飞行检查和工作人员培训。

（三）航空公司

遵循相同的《海商法》原则，巴西的国内航空运输只能由巴西航空公司执行。

根据巴西立法，非巴西人只能直接或间接拥有经营航空公司 20% 的有表决权的股份，无投票权股份的所有权额度没有限制。然而，考虑到《公司法》规定无表决权股份不能超过流通股总数的 50%（无表决权和有表决权），非巴西人只能拥有航空公司 60% 的股份（100% 的无表决权股份和 20% 的有表决权股份）。董事会必须由巴西国民组成。

目前，巴西对外国投资是否可以超过巴西法律允许的限额进行了广泛的讨论。联邦参议院正在审议三项法案，建议提高这一限额，并对航空公司的管理进行改革，这些航空公司也可能部分由外国投资者管理。

开放天空系统也适用于有意将其注册国与巴西联系起来的外国公司。为了有资格飞往巴西，外国航空公司必须由其国家指定，如果是这种情况，还必须由巴西民航局正式授权。在完成 ANAC 法律要求后，公司可能会在巴西设立分支机构，其将被要求在商业机构进行适当注册。获准在巴西经营的外国公司必须在巴西拥有永久代理人，拥有处理和解决任何问题的全权，包括代表公司接受加工服务。

在完成登记的商业要求后，航空公司必须向民航机构申请在巴西经营的许可，并由同一机构正式批准其飞行。

在获得 ANAC 授权和认证后，如果适用，巴西和外国公司必须遵守该机构发布的所有技术规定和法律法规，并受罚款的制约。

（四）飞机注册

航空活动最重要的因素是飞机本身。因此，飞机的国籍是提供航空服务时要考虑的相关点。

根据《巴西航空规则》的条款，巴西航空器必须在巴西航空管理局的注册部门注册，该部门也称为巴西航空注册处（RAB），位于里约热内卢。

飞机的国籍和登记证书签发后，登记结束。

与飞机有关的某些合同，如租赁协议和抵押协议，必须在巴西航空登记处登记，以保证对第三方具有法律效力。

对于在 RAB 登记的每架飞机都适用巴西法律，即使它们是从外国领土飞来的，并且在国际法没有规定的情况下也是如此。

（五）飞机维护和维修的税收优惠

为了推动巴西航空业的发展，《巴西海关法》对飞机生产和修理备件的进口规定了一些重要的免税措施。

第 12249/2010 号法律为巴西航空工业制定了特别税收激励制度（RETAERO），暂停对国内市场进口物销售或货物进口征收下列税收：

（1）当买方是 RETAERO 的法人实体受益人时，对卖方的收入征收 PIS/COFINS 税；

（2）PIS/COFINS——进口税，如果进口商是本制度的法人受益人；

（3）当国内市场上的买方是该制度的法律实体受益人时，从制造业或类似机构装运货物的IPI税；

（4）进口的IPI税，当进口商是该制度的合法实体受益人所拥有的制造企业时，相关技术和技术援助服务也可受益于PIS、COFINS、PIS/COFINS——进口税收暂停措施。

2013年1月1日，第7923/2013号法律生效，并修改了第12149/2010号法律的某些部分。该法用新措词，把制造部件、工具、部件、设备、系统、子系统、进口物和原材料，或提供基本工业技术、发展和技术创新、技术援助和技术转让服务用于维修、养护、现代化、修理、审查、转换和制造，南方共同市场通用命名法（NCM）第88.02条分类项下产品的法人，为特别制度的接受者。在修订前，只有NCM第88.02项下分类的飞机才享有这一利益。

RETAERO下的暂停征税可转换为税收豁免，条件是货物适用于飞机的生产或维护。

自2010年6月14日起，公司可能有资格获得RETAERO最多5年。反过来，在RETAERO资格认证之日起的5年内，可以享受该系统下收购和进口的收益。

二十四、采矿业

（一）法律和监管框架

根据《联邦宪法》第176条的规定，位于巴西境内的所有矿山均属于联邦政府，必要许可证持有人是矿区开采的矿产资源的所有者。

因此，巴西矿产资源的所有研究和勘探都依赖于巴西主管当局根据《采矿法》规定的程序授予的事先授权。

为了更清楚地了解巴西采矿部门的结构，知道负责管理采矿活动的机构、国家矿产部门（DNPM）的简要历史是必要的。

DNPM是1934年根据第23979号法令设立的联邦直接行政机构；1960年，它被并入巴西矿业和能源部（MME），之后并入基础设施部门；1992年，又并入矿山和电力部门。

1994年5月2日的第8876号法律授权行政部门将DNPM作为一个独立的政府机构，第7092/2010号法令有效地引入了该机构，批准了其管理结构。

这类立法还管辖负责监督职责的当局，其最相关的权能转录如下：

（1）推动授权，或向主管当局（视情况而定）提出与开采和使用矿物资源有关的采矿权，并发布与采矿法规遵守有关的其他行为；

（2）制定并提出采矿政策指南（目前是国家矿产资源委员会的权能）；

（3）发布补充性规则，并对采矿活动的环境控制、卫生和安全进行监督，与负责环境和卫生、安全和职业健康的其他机构进行联系；

（4）发布规章，对矿产资源勘查的经济补偿收入进行监督；

（5）培育小型采矿实体；

（6）确定挖掘金矿的区域和条件。

因此，DNPM 是负责登记有意在巴西勘探和开采矿山的公司获得的矿业权的主管部门。勘探许可证或采矿特许权的所有要求都取决于是否遵守《采矿法》规定的程序。

根据《采矿法》（1967 年 2 月 28 日第 227 号法令，以下简称法令），采矿权的获取程序分为两个主要阶段：勘探许可证和采矿特许权。

勘探许可申请须报经 DNPM 批准，DNPM 将对每一“请求过程”进行分析，“请求过程”是根据 DNPM 要求提供的所有必要的技术报告和文件所支持的。采矿特许权应提交 MME 批准。

虽然 DNPM 参与监管、监督和部分授权，但有一个专门委员会负责协助共和国总统制定分段发展政策。它是国家矿产资源委员会（CNRM），由 MME 秘书部主持的跨部门单位。该机构负有宏观经济责任，也就是说，它确立了该部门将遵守并将由 DNPM 实施的一般准则。

（二）外国人参与

根据法令，采矿勘探许可证可由 DNPM 向巴西个人或巴西实体颁发。

1995 年 8 月 15 日第 6 号宪法修正案消除了国内和外国资本公司之间的区别，只要求采矿实体为巴西实体，即采矿实体在该国设有主要办事处和行政机构，无论资金来源和资金控制如何。

鉴于上述情况，目前巴西的条例允许外国直接或间接在巴西进行采矿投资，大多数外国投资是通过收购一家已经拥有采矿权的巴西公司进行的。另一种选择是绿色实地作业，这需要进行初步地质研究，然后组织一个巴西实体，并申请采矿许可证。

1. 采矿实体

为了发展采矿活动（从创业的角度考虑）可以使用巴西现有的任何联合形式，即采矿实体可以在公司、有限责任伙伴关系或任何其他被认为更有趣的形式下组织。

寻求研究或采矿授权的实体，一旦在国家商务部注册处注册，就有 30 天的时间向 DNPM 提交有效的协会和股东协议的章程或条款，以及未来对其进行的任何修改。

持有位于同一矿区附近或之上的矿权的实体可以通过联邦政府法令获得采矿共同体的组建许可。法令所指的用于形成共同体的采矿邻近性，指的不是实际邻近程度，而是提高开采生产力或开采能力的邻近程度。

因为这是一项符合国家利益的活动，所以必须遵守关于合并经营实体和开展工作的一些要求。

2. 房地产和国家安全方面

尽管 DNPM 对外国资本实体在采矿部分的存在有着开明的理解，但对于在边界线上发展的活动，对国际资本有法律上的限制（除可立即用于民用建筑的勘探活动外）。

边界线的法律定义是：境内边界宽 150 千米，与国家领土的地球分界线平行。

关于边界线某些活动运作的主管机构是国防委员会（CDN）。有关各方必须获得机构事先授权，并满足以下要求，这些要求必须在实体章程或公司章程中明确规定：巴西人必须持有至少 51% 的资本；三分之二的实体雇员必须是巴西人；各实体的行政管理层必须由巴西国民组成（多数票表决通过）。

获得 CDN 同意的程序在 DNPM 本机构开展，要备案程序和机构的意见。除通常需要的文件外，有关各方还必须提供一些具体文件，例如，管理人或配额持有人国籍的证明；名义关系，在是公司的情况下，列出所有股东的国籍和股份数目。

此类文件将提交给理事会评估并发表对此申请的有利或不利意见，之后，这些文件将会被送回 DNPM，继续一般流程。

对在拥有位于边界线上的农村地产的房地产权利的公司中的外国人参与

（个人或实体）仍有限制。考虑到采矿活动所需的地役权是“整体矿权中的一部分”（如法令所定义）并且地役权是一种房地产权利（正如边界线具体立法所指出的那样），还必须得到 CDN 的事先同意才能采用地役权。

不仅是总部，任何具有代表权或代表团的机构都要受到上述相同程序的制约。

（三）采矿许可程序概述

与其他监管特许权不同，在巴西矿业部门，采矿公司与监管机构之间仍然没有特许权协定，目前正在讨论新的监管框架，对现有模式提出若干修改意见。正在讨论的主要变化之一是订立特许权协议，据此确定每项采矿特许权的有效期。

同时，根据过时守则的有效性，采矿公司必须向上述 DNPM 提交其发展采矿计划。此外，目前采矿特许权的期限是不确定的（期限将被延长直至采矿资产用尽为止）。

巴西采用的现行模式已经被修改若干，包括建立新的许可程序。

（1）勘探许可证

有意钻探矿区的公司，为了研究是否存在技术上和经济上可行的矿床，应向 DNPM 申请勘探许可证。DNPM 关于是否批准颁发勘探许可证的决定是可以上诉的。如果裁决得到确认，则可在第二阶段向 MME 提出上诉。

勘探许可证还可以在以下附加情况下授予：在向 DNPM 提交各自的转让 / 转移或继承文书时，所有权可以转让或转移；根据 MME 颁布的法令规定，对于在 60 天内可用于勘探或采矿要求的区域，持有勘探许可证的公司可以正当合理地放弃某些许可，或者终止其勘探期。

关于勘探许可证的有效期，我们注意到，按照 DNPM 自己的标准，应为不少于 1 年，但不超过 3 年，并可根据 DNPM 批准的正当合理请求延长。我们发现 DNPM 已经有连续延长这个期限的案例。

许可证持有人有义务执行其勘探工作，向DNPM提交一份关于在技术上和经济上可行的存款的存在情况的报告，该报告是在许可证的有效期或延长期限范围内由有权技术人员监督编写的。在没有任何理由的情况下，在适当的期限内未提交技术报告的许可证持有人将被罚款，罚款数额按勘探面积计算。

勘探许可证持有人可以使用公共或私人区域进行勘探。就私人区域而言，要告知土地所有者或占用者有权就该区域被占用而获得一笔可商议的费用，也可以就勘探工作可能造成和产生的损失提出赔偿。在使用公共区域的情况下，也适用损害赔偿，但是没有占用费。

在勘探许可证公布之前，土地所有人或者占用人不能与许可证持有人就上述费用达成协议的，应当提交法院审理。

一旦勘探许可证由 DNPM 颁发，相应的持有人必须：在 60 天内开始勘探工程；不得在没有正当理由的情况下（开始后）连续 3 个月以上或不连续但累计 120 天中断勘探工作，在任何情况下，启动或重新启动，以及工程的中断，必须及时通知 DNPM；在发现了非许可证中的其他物质的情况下通知 DNPM，DNPM 必须就勘探工作授权一个新的期限；在向 DNPM 提交技术和经济报告之前，必须支付年费。公顷的年费是根据 DNPM 的标准，依据矿质、矿区和其他地点的面积和位置来计算的。

勘探工作结束后，采矿公司必须向 DNPM 提交技术经济报告。在获得批准的报告和 DNPM 颁发的勘探许可证后，持有者将有 1 年的额外期限（可在许可持有人提出的理由的情况下延长相同期限）向 MME 申请采矿特许权。

如果勘探许可证持有人未在采矿守则中规定的期限(或延长的批准期限)内申请采矿特许权，其权利将被视为无效，由此，勘探区域将被应第三方的勘探或采矿要求被第三方使用（招标程序）。

（2）采矿特许权

采矿特许权的申请还必须附有若干文件，如《采矿守则》所列地役权和经济发展计划及其他。

如果采矿特许权的申请人在适当的期限内不符合 DNPM 或 MME 按照其唯一标准可能要求的额外要求，该区域可被宣布给对其感兴趣的第三方进行采矿特许权（招标程序）。

在本条例或法令授予采矿特许权公布后 90 天内，采矿特许权持有人必须向 DNPM 请求占用矿山。

采矿特许权持有人必须遵守法令规定的所有要求，例如：

① 在《采矿特许权条例》或法令公布后 6 个月内开始执行采矿计划规定

的采矿工作；

② 根据 DNPM 批准的采矿计划开采矿场（不遵守规定将受到处罚，可导致被警告或丧失采矿特许权）；

③ 只提取采矿特许权条例 / 法令中指明的矿物物质；

④ 及时通知 DNPM 发现未列入采矿特许权条例 / 法令的新矿物物质；

⑤ 未经事先通知 DNPM，不得暂停开采；

⑥ 每年 3 月 15 日之前向 DNPM 提交前一年的活动报告。

需要强调的是，一旦开始采矿工作，除不可抗力的情况外，不能连续超过 6 个月中断工作。

采矿特许权持有人可通过向 MME 适当说明理由的要求，暂时中止采矿活动，或通知放弃其所有权。在这两种情况下，都要求附有一份关于所开展的工作和所研究的矿山状况的报告。DNPM 将对矿区进行评估，并为 MME 的决策发布一份技术报告。如果暂停工程的要求被拒绝或放弃请求被拒，DNPM 将向 MME 建议必要的措施，以便继续工程并在适用的情况下实施惩罚。

（3）放弃 / 拒绝

放弃：只要公司放弃申请勘探许可证，就适用。

拒绝：只要公司放弃勘探许可证，就适用。

这些是矿业公司在研究放弃和（或）打算放弃勘探或开采矿产资源时应采取的常规程序，具体取决于采矿公司获得的许可证的阶段。根据适用的规则，公司应视情况而定向 DNPM 提出放弃和（或）拒绝采矿权的请求。只有经 DNPM 批准后，该区域才可被视为已释放供第三方勘探。

放弃采矿场和（或）不合理地中断或暂停勘探和开采工程的时间超过法律规定的期限，以及未按照上述程序进行的放弃 / 拒绝，将使采矿公司受到 DNPM 可能施加的惩罚。

（四）法定特许权使用费

巴西的适用法律要求矿业公司从巴西地区提取的矿产资源的销售收入，扣除税收、保险费用和运输成本后支付法定特许权使用费，称为 CFEM。这基本上是巴西境内矿产资源经济利用的一个考虑因素。

矿产权的开采工作无论何时开始，都应支付法定特许权使用费。我们要指出，这不仅是由于矿物资源的商业化而引起的，因为我们获悉，在采矿公司利用、加工或消费矿物的情况下，也要支付法定特许权使用费。

对出售的矿产品征收的费率因提取的物质而异。目前铁矿石的年率为2%，但其因物质的不同而在0.2%~3%浮动。

（五）惩罚

如果不履行有关勘探许可证或采矿特许权许可证的义务，DNPM可以根据违法行为的严重程度处以以下惩罚：警告、罚款或终止许可证，即向第三方宣布勘探区域可用于勘探或采矿（招标程序）。

只要许可证持有人放弃该区域或未能遵守勘探期限（包括交付最终报告）或生产期限，就可以DNPM标准处以这种处罚。如前所述，许可证持有人始终可以通过合理的要求，要求推迟任何此类期限，但须经DNPM授权。

根据违规的严重程度，初始罚款的范围大约为每公顷2000巴西雷亚尔或2巴西雷亚尔。如果再犯，罚款加倍。

（六）新的监管模式

1. 新模式的目标

巴西采矿业目前采用的模式已被提出了若干修改意见，并在过去4年中在众议院进行了讨论。

已经提出的主要变化之一是建立一个新的许可程序，通过该程序，无论在该地区上一次采矿勘探的情况如何，都可以获得开采权。此外，国会议员还通过新的特许权使用费制度，就政府收费（CFEM）的增长提出了报告。

巴西历来尊重现有所有权人的权利。关于采矿权（勘探许可证和采矿特许权）的现有所有者的权利，国会讨论的其中一项草案规定了现有采矿特许权所有者将继续适用以前的体系，但勘探许可证将在给予所有权人适当的赔偿后归还联邦。因此，投机者将趋于消失，因为优先于勘探许可证的权利将被消灭。

因此，现如今，采矿特许权的期限在实际意义上是不确定的（直到开采公司用尽采矿权为止），但目标是制定投标程序和特许权协议，从而为每项采矿特许权的有效性规定期限和条件。

此外，对现行运作模式的一些相关批评也提到了 MME 的权力集中。通过新设想的《采矿法》，通过建立监督和下放职能，这一现象将被改善。

新监管框架的想法不仅是打击现行法令中通常的金融投机存款，而且还要促进对该国矿产资源开采的投资。专家和参与该项目的人们期待一种新的模式，使矿产资源的研究、经营和营销更加高效、更有利可图。应该有更大的竞争性，由此才能在更新的《采矿法》规范下增加社会回报。

2. 跟进新监管框架制度

自 2011 年以来，众议院正在审议关于采矿业新监管框架的若干法案。

一旦现行的《采矿守则》过时，一个新的监管框架的建立就显得非常紧迫，因为它的历史可以追溯到 1967 年，需要现代化以适应目前情况。

2013 年 7 月，联邦政府宣布向国会提交一项法案（PL 5807/2013），为巴西的采矿业建立新的监管标杆。总统迪尔玛 · 罗塞夫认为，巴西是世界上最大的铁矿储备地，但它仍然不能面对薄弱的官僚立法。该法案随后提交紧急宪法计划，这将迫使众议院和参议院在各自 45 天内作出决定。

然而，尽管通过新法律、随后废除旧的《采矿法》是人们期待的、紧急的，但是该项目不仅不再适用紧急计划，而且已从全体会议的议程中删除。这样做的一个理由是，特别委员会就第 37/2011 号法案发表意见的报告（该报告写入了第 463/2011 号、第 5138/2013 号、第 4679/2012 号、第 3430/2012 号、第 5306/2013 号和第 5807/2013 号法）带来了大量的变化，几乎完全改变了最初的项目。因此，由于几乎不可能在最初的项目和替代项目之间建立合理的平行关系，同时又存在对于政治争端以及世界杯等其他各种利益的关注，因此，在全体会议上，它不再是一个优先事项。

3. 临时中止授权和司法机关

考虑到即将建立的新监管框架，2011 年 DNPM 暂停了旧模式下的新许可证的发放，由此对该部产生了大量的批评意见，指责该部滥用权力，在依法请求获得许可时无法律依据地拒绝批准。

中止是暂时的，且只针对关注的某些矿物——特别是战略性矿物，如黄金和铁矿石——然而，DNPM 没有起草一项法律上支持其决定的法令或章程，解释哪些物质将被暂停授权。这进一步增加了针对该部的诉讼数量，因为全面生效的旧《采矿法》平等对待所有矿石。

法院开始作出有利于采矿实体的裁决，2013 年 7 月再次正常发放授权书，但承包者要签署赔偿责任条款。

二十五、合规

为符合《国际反腐败条约》的要求，巴西于 2013 年 8 月 1 日颁布了第 12846/2013 号法律（《反腐败法》）。该法律规定了法人实体对公共行政部门的公共利益有害行为的民事和行政责任。

在这个新的法律方案中，国家和外国公司必须根据新规则审查其运营和管理程序，采用和加强其道德和行为守则，并通过合规政策实施符合公共行政关系法律标准的做法。

作为公司治理工具，坚实的合规计划可以为公司、投资者和管理层之间的互动创造安全的环境，保护董事和经理免受行政、民事和刑事责任。

二十六、农业综合企业

（一）农业综合企业的概念

农业综合企业可以被定义为“一个根据具体的公共政策组建的有组织的经济活动组，包括投入、生产、加工、储存和分配的制造和供应，以供国内外农牧业产品消费，以及股票和期货市场、适当的融资形式。”农业综合企业一词非常接近农业工业综合体的概念，其中包括所有生产、加工和分销农业和畜牧业产品的公司。

农业综合企业工业综合体由一系列旨在农业和畜牧业生产的活动组成。这类生产过程涉及一系列相互关联的活动，其中包括农业和畜牧业生产、渔业、林业、农业综合企业、物流和粮食分配、国内外贸易、股票市场、公共政策、终端消费者、投入制造和技术服务提供和咨询公司。农业工业系统或工业链包括参与生产、加工和销售某一特定产品的所有参与者。对农业企业的系统性观点也适用于融资结构、期货和商品交易所及具体的公共政策。

（二）农村信贷与民营农业融资体系

国家农村信用体系（SNCR）不仅是一个信用体系，它还可以作为生产的规划工具，以避免在向共同相关部门提供初级资产方面遭遇“瓶颈”，包括进口资本货物的外币供应。在这种情况下，信贷是补充市场以指导生产和长期投资的激励机制。这是有条件的贷款，借款人必须是农村生产者，借入的金额必须专门用于农业。

自 20 世纪 80 年代以来，SNCR 一直受到批评。这种批评背后的主要观点是，它对农业生产的增长、生产者采用的技术和生产力的提高影响不大。

从 1988 年开始，政府出台了一些规则来约束和减少政府对农牧业市场的干预。

在这种背景下，农业政策的实际重组始于 1994 年 8 月 22 日，当时颁布了第 8929 号法律，并规定了农业债券（CPR）。此外，2004 年 12 月 30 日颁布了第 11076 号法律，符合 2004 年和 2005 年农牧业计划中规定的指导方针，该计划的目的是创造新的金融工具来推动和支持农业综合企业，如农业存款证书（CDA）、农业认股权证（WA）、农业企业信用权证书（CDCA）、农业企业信用证（LCA）和农业企业应收账款证书（CRA）。

在新制定的农业综合信贷工具的基础上，政府通过在其规划方法中的经济法发挥的主导作用，是定义具体的工具，有利于农业工业市场与金融和资本市场的真正融合，这将减少对稀缺的政府资源的依赖，并加强对这一部门（在一个真正的新系统中）通常逆境的处理能力。

第 11076/2004 号法律为农业综合企业制定了一项新的金融条例，与私营部门直接合作。在 SNCR 实施近 40 年后，政府加强了农业企业融资私营系统的支柱。

过去干预农村活动的政府现在被作为资金来源的促进私人主动性的政府所取代，因此，通过具有自身特点和特定法律制度的金融工具，主要农业企业融资者的角色转移到了私人金融市场。

有了新的金融工具，金融市场现在有了更多适应性工具，资本市场已经成为农业企业融资的替代手段，增加了生产环节的长期流动性，而且这些新的金融工具为农业综合企业提供了再融资，从而成为限制风险和筹集资金以增加巴西农业企业供应和降低信贷成本的工具。关于这一新的背景和该部门的融资制度，必须提及的是，巴西法律框架长期以来一直要求建立一种现代法律制度，这是所有私人信贷工具所必需的，以限制可能发生的法律纠纷，这些纠纷最终可能会增加协议合规性方面的不安全因素，从而提高利率并减少信贷额度。

农业综合企业融资新工具包括以下五个方面：

1. 农业债券（CPR）

CPR 是根据 1994 年 8 月 22 日的第 8929 号法律引入的。最初，这种法律只规定了称为实物 CPR 的方式，在这种方式中，发行人承担了在某种情况下交付一定数量产品的义务，没有提到货币价值。这种方式表达了实物交付产品的义务。此外，考虑到它是产品的代表性工具，法律规定它可以在股票和场外市场交易。

金融 CPR（CPRF）是根据 2001 年 2 月 14 日的第 10210 号法律，其中包括第 8929/2000 号法律第 4-A 条建立的 CPR 模式。与实物 CPR 一样，CPRF 包括产品说明和谈判的相应金额；差异在于结算方法。CPRF 并没有就产品的实际交付作出规定，只规定在到期日支付相应于指定数量的产品乘以固定价格或适用于该产品的指数的相应数额，这将在工具中加以说明。

2. 农业存款证书（CDA）和农业认证（WA）

CDA 由第 11076/2004 号法律引入，它是为农牧业生产的贸易阶段创建的。CDA 代表着一种承诺，即交付农牧业产品及其副产品、附属产品和具有经济价值的残余物，这些产品存放在作为农业综合企业产品仓储系统一部分的仓库中。WA 是与 CDA 一起创建的。WA 是一种信用工具，授予对 CDA 中描述的产品的质押权。

3. 农业企业信用权证书（CDCA）

CDCA 由第 11076/2004 号法律引入，它是一种自由交易的信用工具，代表承诺以现金支付相应的金额。这是一种法外执行工具。只有农村生产者合作社和从事农牧业产品及用于农牧业生产的投入或机械和器具的贸易、加工或产业化的其他法律实体，才能发布这类工具。它必须在巴西中央银行授权的资产登记和现金结算系统中注册，并由金融机构或 CVM 授权的其他机构保管，以便提供证券服务。

4. 农业企业信用证（LCA）

LCA 也是一种自由交易的信用工具，代表着以现金支付的承诺。它也是一种法外执行工具，但只有金融机构才能发布 LCA。它必须在巴西中央银行授权的资产登记和现金结算系统中注册，并由金融机构或 CVM 授权的其他机构保管，以便提供证券服务。还必须指出，这一工具的价值不能超过所附信贷权利的总价值。此外，LCA 赋予与其相关的信贷权之上的质押权。

5. 农业企业应收账款证书（CRA）

CRA 是一种自由交易的信用工具，由农业企业信用权证券化公司独家发行，代表承诺以现金支付，它是一种法外执行工具。

（三）土地法和土地合同

为了使农村的商业关系具有适当的法律结构、原则和具体规则，巴西制定了专门的立法，规范土地的开发和他人工作的使用，即《土地法》。

《土地法》规定了耕种和牲畜、农业、农工业或采掘业合伙。农民可以通过租赁或合伙方式探索利用第三方土地进行的农村活动，利用自己的经验，分享成果 / 利润。

因此，农村合伙协议和租赁旨在规范农村财产所有人和从事任何农业、牲畜、农工业、采矿或混合活动的所有者之间对土地或财产的占有或临时使用。

1. 农村伙伴关系

在此称为合作伙伴关系的，是所有者或拥有农村财产的所有权或自由管理权的人，授予他人全部或部分使用该财产的全部或部分权利，用于农业、牲畜、农工业、采矿或混合活动的发展，分享相关风险、成果、产品和利润。

通过这种方式，农村伙伴关系被界定为一种土地契约，根据这一契约，一个人承诺允许另一方在一段规定的时间内使用特定农村财产，无论是否有改良，以及其他资产和（或）设施的使用，其目的都是从事农业活动、牲畜、农工业、蔬菜或混合采掘；通过单独或累计分担下列风险，将动物交给其进行繁殖、饲养、越冬、育肥或提取动物源原料：不可预见的情况和不可抗力，各方规定的成果、产品或利润及农村企业勘探中获得的价格。

2. 农村租赁

农村租赁受第 59566/1966 号法律第 3 条的管制，是一项合同。根据该合同，在法定范围内，一方承诺允许另一方在固定或不固定期限内使用和享有农村财产的全部或部分，无论是否有货物、改良或设施，都支付款项或租金。

我们有以下基本租赁指南：

（1）年收入限制；

（2）调整幅度；

（3）享有和使用担保；

（4）承租人对买卖的偏好；

（5）某些服务和某些行动的禁止要求。

（四）农业综合企业产品存储系统

农业综合企业部门的依赖性和其产品的储存有关，巴西农村产品的储存能力不足进一步加重了依赖性，这促使建立更专业的仓储系统。

根据第 9973/2000 号法律和第 11076/2004 号法律，建立了农牧产品储存系统（SAPA），允许发行 CDA 和 WA，迫使只储存农产品的一般仓库改善自身来适应新的规定，以便继续储存所提及的产品。

这类立法对农牧业产品仓库的登记作出了规定，规定须进行一系列登记，以便使该仓库成为农业综合企业仓库。登记以农业、畜牧和供应部（MAPA）颁发认证为结束。

（五）农村保险

农业生产和收入与自然事件密切相关，也是变数，这使中期和长期规划变得困难。由于天气不稳定，伴随着全球变暖和产品构成中的资本集中，或者由于汇率波动对该部门收入的影响，农业风险增加。农村保险是风险管理的重要工具。

农村保险也是农业政策的重要工具，使生产者能够得到保护，免受恶劣天气现象造成的损失。然而，农村保险不仅包括农业活动，它还进一步涵盖了畜牧业活动，农村生产者的财产、产品、贸易信贷及生产者的人寿保险。农村保险的最重要目标是提供保险，同时通过多个保险行业的联合来保护生产者，并为生产者的融资人、投资者、商业伙伴、所有对尽可能减少风险感兴趣的各方提供担保。

二十七、基础设施

（一）招标程序

在巴西，公共采购招标程序是一项宪法要求，以便选择与政府签订协议的私人当事方。这一要求是为了避免将选择权留给公职人员造成潜在腐败的可能。

一般而言，适用于巴西公共采购的原则由《联邦宪法》第37条第21款规定。该条款列出了直接和间接公共行政部门（联邦、各州、联邦区和市政当局）在其活动过程中必须遵守的五项基本准则：合法、客观、道德、公开及效率。

随后纳入相关法规的大多数规则直接源于此宪法规定。

与该主题相关的最重要的法规是第 8666 /1993 号法律（《招标法》），其中规定了主管机关的招标和合同的一般规则，并对外国公司参与该程序的许可作出规定。外国公司参与投标应该在巴西有一名法律代表，并且需要在国际招标中通过外国领事馆提交同等翻译和认证的文件来满足《招标法》的要求。

外国公司也可以通过共同体参与投标程序。如果是和巴西公司共同组成共同体的，后者将始终处于领导地位。同样重要的是，根据《招标法》，组成共同体的公司负有连带责任。

除国民和国际公司共有的基本文件外，已经获准在巴西经营的国际公司参加投标程序只需经登记的同意令即可。必须指出，国际公司在担保、要求和程序方面根据平等原则与巴西公司平等竞争。

1. 招标方式

按照第 8666/1993 号法律的规定，招标程序有 6 种方式：竞争、价格调查、邀请、竞赛、拍卖和反向拍卖（受第 10502/2002 号法律管制）。

（1）邀请

邀请是针对一定数量的参与者的程序，适用于购买最多 2 万美元的商品和服务，或签订最多 3.75 万美元的公共建筑或工程服务的合同。

（2）价格调查

价格调查适用于购买 2 万 ~16.25 万美元的商品和服务，或承包 3.75 万 ~

37.5 万美元的公共建筑或工程服务。

（3）竞争

价格调查适用于购买超过 37.5 万美元的商品和服务，或承包超过 37.5 万美元的公共建筑或工程服务。

（4）竞赛

竞赛的目的是专门选择科学、技术或艺术工作。

（5）拍卖

拍卖的目的是出售动产、出售扣押或没收的货物及处置属于政府的不动产。

2. 招标类型

除不同的招标方式外，还有可接受的评估标准，通常称为招标的类型。

《招标法》提到了 4 种招标类型：最低价格、技术和价格、最佳技术及最高出价或要约。

（1）最低价格

最低价格类型是最常见的采购招标类型，其中最低价格的提案中标。

（2）技术和价格

技术与价格竞标对技术和价格建议书分设相关的等级。计算加权平均值并根据其最终等级对出价进行排序。

（3）最佳技术

在实践中，由于其复杂性和相对无效性，最佳技术是非常罕见的类型。

（4）最高出价或要约

最高出价或要约适用于拍卖或政府机构为卖方的其他投标。

投标的评估必须按照招标中规定的标准进行，始终遵守公开原则。严格禁止任何可能直接或间接阻碍投标人与竞争者之间平等的秘密、保密、主观或客观的要素、标准或因素。

投标将根据招标中规定的条款进行分析，该条款必须包含要满足的所有必要要求。委员会将审查对象的特征和价格，随后选择最有利的提案。

进入资格阶段后，投标人不得撤回投标。因此，中标人在被传唤时有义务执行协议。此时的失败将导致在程序开始时可能出现的处罚和投标保证金的损失。

（二）特许权与公私合作伙伴关系（PPPs）

第 8987/1995 号法律（《特许权法》）规定了关于公共服务特许权的一般规则。《特许权法》规定的服务可以单独提供，也可以与公共工程或设施的建设同时提供。特许权的风险应由特许公司承担，特许公司应从向用户收取的收入中收回其投资。

PPPs 是公共服务特许权的一种手段，可由行政当局部分或全部补贴。第 11079/2004 号法律对此作了规定，要求先有一个竞争性竞标来选择其私人方。

在 PPPs 下有两种特许权模式：

（1）赞助 PPPs，其中私人方由政府部分支付报酬，并收取执行公共服务的费用；

（2）行政 PPPs，其中客体将由主管机关直接或间接使用，因此完全由其补贴。

根据第 13097/2015 号法律，PPPs 制度必须适用于直接公共行政机构，包括行政和立法权力机构、特别基金、自治政府、基金会和上市公司，如以某种方式由联邦实体控制的所有实体。

第 13097 号法律还修改了《公私伙伴关系法》，确定合同可以另一种方式预测公共合作伙伴授权的要求和条件，从而向没有关联关系的融资人、担保人或者特定目的的行业自治组织（SPE）转让公司的控制权。这样做的目的在于使 SPE 能够在保证提供服务的连续性的同时，寻求其财务重组。该法还包括处理涉及全体大会、其结构问题和临时行政管理的概念的条款。

媒体报道篇

中国企业赴瑞典投融资法律暨科创板研讨会在上海举行

上海政法学院官网

2019 年 5 月 10 日下午，中国企业赴瑞典投融资法律暨科创板研讨会在淮海中路新世界大厦举行。本次活动由上海股权投资协会、上海政法学院、金茂凯德律师事务所主办，上海上市公司协会、上海服务外包企业协会协办。上海政法学院党委副书记潘牧天教授出席研讨会，国际法学院副院长王祥修教授、国际法学院部分研究生和本科生参加活动。

开幕式上，大家集体观看了全国人大宪法和法律委员会主任委员李飞、上海市人民政府参事室原主任李昌道教授的视频致辞。上海市黄浦区金融办

公室主任朱立新、上海政法学院党委副书记潘牧天教授致辞。

潘牧天在致辞中表示，随着“一带一路”建设的深入推进，因各国政治体制、法律制度、法律传统、宗教文化等的不同，在基础设施建设、国际贸易投资和商业往来、民间交往等方面势必产生争议和法律冲突，上海政法学院期待同理论界和实务界一道，积极展开合作交流，为中国海外投融资提供更好的智力支持和法律服务。

随后进行了《外滩金融创新试验区法律研究》（2019 年版）、《中国企业海外投融资法律研究》首发式及“一带一路”海外站点揭牌仪式。

全国政协常委、民建中央副主席、上海市政协副主席周汉民教授作“一带一路”最新理论与实践的主旨演讲。周汉民表示，世界金融形势严峻，中美贸易冲突持续升温，“一带一路”经济体系将更为重要。周汉民就“一带一路”的产生及影响，发表了自己的见解。聚焦《华盛顿公约》等国际条约的性质及其影响，深入讨论国际关系及国际公约对中国法律、经济发展的利弊。

瑞典斯德哥尔摩仲裁员理事、中国国际经济贸易仲裁委员会党委书记、副秘书长李虎，中国证监会上海监管局原党委书记、局长，上海证券交易所原党委副书记、监事长，著名金融专家和仲裁员张宁，环太平洋律师协会候任主席、金茂凯德律师事务所创始合伙人李志强一级律师，分别就中国企业赴瑞典投资及争议解决、科创板块、中国企业赴瑞典投融资法律风险防范作专题报告。

本次研讨会的顺利举行，代表着中国在科创仲裁领域的重大进步，分析了国际发展新趋势。

中国企业赴巴西投融资法律研讨会在沪举办

中国证券网

2018 年 3 月 29 日，中国企业海外投融资系列法律研讨会的第八站——中国企业赴巴西投融资法律研讨会在上海举行。

全国人大宪法和法律委员会主任委员李飞说，我国《宪法》将“推进构建人类命运共同体”写入序言，中国和巴西分别是东、西半球最大的发展中国家，双方应该扩大相互投资，发挥金融引擎作用，稳步推进一批符合双方发展需要、更好地造福两国人民的战略性合作项目。

研讨会上，巴西著名法律专家加里亚迪、环太平洋律师协会副主席李志强、上海国际仲裁中心副秘书长王唯骏分别围绕中国企业赴巴西投融资法律实务、中国企业赴巴西投融资法律风险防范和“一带一路”倡议下国际商事仲裁的最新动态发表演讲。

近百位来自巴西、中国的企业家、金融家和法学法律工作者出席论坛。5 年来，“一带一路”倡议影响巨大，中国企业“走出去”方兴未艾，加强中企海外投融资活动法律风险防范迫在眉睫。

《证券时报》记者获悉，研讨会上还举行了中国企业海外投融资法律研究系列丛书之二《中国企业赴日本马来西亚投融资法律研究》首发式和“一带一路”法律研究与服务中心秘鲁站、智利站和印度尼西亚站启动仪式。

本次研讨会由上海上市公司协会、上海股权投资协会、上海国际服务贸易行业协会、上海政法学院和金茂凯德律师事务所共同主办。

后 记

2019年4月，中国政府在北京举办第二届“一带一路”国际合作高峰论坛，由习近平总书记提出的“一带一路”倡议得到国际社会的广泛响应，并写入联合国的法律文件，法律界也积极参与“一带一路”伟大事业。

2016年2月18日，上海市专业服务贸易重点单位——金茂凯德律师事务所成立了“一带一路”法律研究与服务中心，截至2019年7月31日，已在亚洲、欧洲、美洲、大洋洲和非洲设立了65个站点，广泛传播中国法律制度和法律文化，联合各有关国家和地区的优秀法律专业人士潜心研究各国投融资法律制度，以期为中国企业“走出去”提供优质高效的法律服务。

2017年10月召开的党的十九大提出了习近平新时代中国特色社会主义思想，“一带一路”倡议被写入党章，为新时代法学法律界人士继续不忘初心和牢记使命指明了路径和方向。

《中国企业赴瑞典、智利、巴西投融资法律研究》是“中国企业海外投融资法律研究”系列丛书之六，全书由瑞典、智利和巴西三国的顶尖律师、国际仲裁员和国际律师组织领导人担任撰稿人，聚焦前述三国的投融资法律及相关法律问题。

本书作为系列丛书之一，承蒙德高望重的司法部原部长、中国法学会会长、中国政法大学校长和中华全国律师协会首任会长邹瑜为丛书题写书名，承蒙全国人大宪法和法律委员会主任委员李飞百忙中作总序，著名法学家、上海市人民政府原参事室主任李昌道教授审定本书并作序，一批著名专家和学者为本书的出版给予指导，参与策划和编辑。中国金融出版社贾真编辑倾心关爱，使本书及时出版，在此，谨对各方面专家的鼎力支持一并致谢！

“长风破浪会有时，直挂云帆济沧海。”“一带一路”的伟大事业需要一批又一批法律人的不懈努力，由于丰富多彩的法律实践发展迅速，对中国企业海外投融资法律研究的相关总结也是阶段性的。书中疏漏不当之处还请领导、专家和同仁批评指正。

李志强

2019 年 10 月 1 日于上海

Postscript

The Chinese government is to hold the 2nd "Belt and Road" Forum for International Cooperation in Beijing in April 2019. The "Belt and Road" Initiative proposed by General Secretary Xi Jinping received extensive response from the international community and was written into the UN legal documents. The legal industry actively participates in the grand cause of the "Belt and Road" Initiative.

On February 18, 2016, Jin Mao Partners, the key professional service provider for trade, established the "Belt and Road" legal research and service center in Shanghai. As of March 12, 2019, this center has established 65 stations in Asia, Europe, America, Oceania and Africa, widely disseminating the positive energy of China's legal system and legal culture, and uniting outstanding legal professionals from relevant countries and regions to study the investment and financing legal systems of various countries in order to provide quality and efficient legal services for Chinese enterprises to go global.

The 19th National Congress of the Communist Party of China held in October 2017 put forward Xi Jinping's thought of socialism with Chinese characteristics in the new era. The "Belt and Road" Initiative was written into the Party Constitution, which pointed out the path and direction for the people of the legal and law circles in the new era to continue to remain true to our original aspiration and keep our mission firmly in mind.

Legal Research on Investment and Financing for Chinese Enterprises in Sweden, Chile and Brazil, the sixth series of "Legal Research on overseas Investment and Financing for Chinese Enterprises", is written by the top lawyers, international arbitrators and experts and scholars from the three countries of Sweden, Chile and Brazil, focusing on the investment and financing laws and related legal issues of the aforementioned three countries.

The title of serial works, this book as one of them, is written by Zou Yu, the former Minister of Justice, the President of the Chinese Law Society, the President of the Chinese University of Political Science and Law and the first President of the All-China Lawyers Association. Li Fei, the Director of the Constitution and Law Committee of the National People's Congress, wrote the preface despite his busy work. Professor Li Changdao, the famous jurist and the former director of the Counsellors' Office of Shanghai Municipal People's Government, examined and wrote the preface. A number of well-known experts and professionals put forward guidance for publication of this book and serve as producers and editors. With great care of Ms. Jia Zhen, editor of China Financial Publishing House, this book is published on time. I would like to thank all the experts for their support!

"A time will come to ride the wind and cleave the waves to cross the sea". The great cause of "Belt and Road" Initiative requires the unremitting efforts of legal people one group after another. Due to the rapid development of rich and colorful legal practices, the relevant summary of the research on laws of overseas investment and financing for Chinese enterprises is also phased. Leaders, experts and colleagues, please criticize and correct the mistakes in the book if any, thank you.

Jack Li (Li Zhiqiang)
October 1, 2019, Shanghai